Pierre Stutz

Zeit des Wachsens, Zeit des Reifens

HERDER spektrum

Band 5453

Das Buch

Im Rhythmus der Jahreszeiten spüren wir, dass Wachstum und Reife ein zyklisches Geschehen sind. Dass Aufblühen und Reifen, Ernten und Sammeln, dass Rückzug und Ruhe immer wiederkehren, sind nicht sinnlose Wiederholungen – der Rhythmus der Natur schenkt uns die befreiende Einsicht, dass wir Menschen ein Leben lang aufgerufen sind, uns all das wieder zu holen, was wir brauchen, um wir selbst zu werden und um uns verantwortungsvoll in der Welt engagieren zu können. Durch die Kreisläufe der Natur entdecken wir einen gesunden Rhythmus wieder, in dem alle Facetten unseres Lebens vertieft werden können. So werden die vier Jahreszeiten zum Sinnbild eines geglückten Lebens. Im Einklang mit diesem Rhythmus wächst unsere Lebenslust – und unsere verletzlichen Seiten müssen nicht versteckt werden. Pierre Stutz deutet unser Leben entlang der Jahreszeiten in seiner persönlichen, sozialen und spirituellen Dimension als dynamischen Wachstumsprozess. Zum *Frühling in mir* gehören Aufbruchstimmung und zarte Knospen, Verwandlung, aber auch Kälteeinbrüche und Depression. Der *Sommer in mir* ist eine Zeit der Reife und der Früchte; das Genießen der vier Elemente, Spiel, Leichtigkeit gehören zu ihm wie die lähmende Hitze. Ernte, Wanderungen und Nebeltage, Vergänglichkeit, Zeiten des Sammelns und Aufräumens sind Zeichen des *Herbstes in mir.* Und dem *Winter in mir* gehört die Langsamkeit, die Zeit zum Regenieren, Rückzug, Ruhe und Stille, Kälte, Dunkelheit und lange Nächte – und der Anfang zum Neubeginn.
Pierre Stutz lädt in seinem Buch ein, die Kraft der Jahreszeiten in sich selber zu entdecken. Im Verwurzeltsein in den Wachstumsprozessen der Schöpfung fördern wir einen liebevolleren Umgang mit uns selber, beziehungsfähiges Miteinander und ein soziales Bewusstsein. Eine Fülle von Impulsen und Ritualen konkretisieren eine bewusste Lebensgestaltung: Leib und Seele atmen auf, und wir begegnen unseren Herausforderungen in Arbeit und Beziehungen kraftvoller und ausgeglichener.

Der Autor

Pierre Stutz, geb. 1953, weit bekannter spiritueller Autor, Theologe, früher Priester und langjähriger spiritueller Begleiter im offenen Kloster Abbaye de Fontaine-André in CH-Neuchâtel. Kurs- und Vortragstätigkeit in Deutschland, Österreich und der Schweiz. Pierre Stutz lebt in Lausanne. Bei Herder Spektrum u. a. Atempausen für die Seele, Bd. 7023; Meditationen zum Gelassenwerden, Bd. 4975; Ein Stück Himmel im Alltag, Bd. 5036. www.pierrestutz.ch

Pierre Stutz

Zeit des Wachsens, Zeit des Reifens

Leben im Rhythmus der Jahreszeiten

HERDER

FREIBURG · BASEL · WIEN

Gedruckt auf umweltfreundlichem,
chlorfrei gebleichtem Papier

Originalausgabe

www.herder.de
Herstellung: freiburger graphische betriebe 2004
www.fgb.de
Umschlaggestaltung und Konzeption:
R·M·E München / Roland Eschlbeck, Liana Tuchel
Umschlagmotiv: © Picture Press
ISBN 3-451-05453-1

Für

Ida und Reinhard Bellmann
Johannes und Monika Brunner
Melanie und Michael Santner

in Dankbarkeit

Inhalt

Zur Einstimmung

Während zehn Jahren habe ich am Rande der Stadt Neuchâtel gewohnt, am Waldrand im Schweizer Jura – einer Landschaft voller Berge und Wälder, Wasser, Felder und Felsen. Meine Zeit im offenen Kloster Abbaye de Fontaine-André hat mich wesentlich geprägt. Fontaine André ist ein Kraftort: Mit seiner Quelle, seinen Brunnen und Teichen, seinem großen Garten, seinen Feldern, seinen Tieren und Bäumen, seinen Wiesen, seinen Libellen, seinen Sträuchern und seinen Kräutern, seinen vielen Blumen und Seerosen, seiner Stille und all seinen Menschen hat er mich und mein spirituelles Leben verwandelt. Darum gestalte ich weiterhin regelmäßig Besinnungstage und Seminare an diesem heiligen Ort[1]. In Fontaine-André bin ich einer mystischen Lebensgestaltung begegnet, die aus dem tiefen Eingebundensein in Schöpfung und Kosmos lebt. Seitdem meditiere und studiere ich intensiv mystische Texte und konkretisiere sie in einer bewussten Lebensgestaltung der Achtsamkeit und des Mitgefühls. Diese Alltagsspiritualität ist auch geprägt und genährt vom regelmäßigen Rhythmus der Jahreszeiten, den ich als

[1] Informationen sind erhältlich bei: Abbaye de Fontaine-André, Postfach 120, CH-2009 Neuchâtel. Tel. 0041/32/753.25.90 – www.fontaine-andre.ch

große innere Befreiung erlebe. Er ist mir in meiner persönlichen Entfaltung und in der spirituellen Begleitung von hunderten von Menschen zum Sinnbild eines zyklischen, dynamischen, prozessorientierten Wachsens und Reifens geworden. Meine von einer leistungsorientierten Sozialisation geprägte Einstellung erfährt durch diesen gesunden Rhythmus eine *not-wendende* Korrektur. Die verschiedenen Jahreszeiten ermutigen mich mit ihren Gegebenheiten in der Entfaltung meiner Lebenskraft und im Integrieren meiner Grenzen. Da begegne ich Zeiten von höchster Aktivität und Kreativität und zugleich Zeiten der Langsamkeit, des Wartens und der Leere – in denen aber auch Wesentliches geschieht. Solch zyklisches Fühlen und Leben kennt keine sinnlose Wieder-holung, sondern ein ausgeglichenes Wiederholen der verschiedenen Wachstumsaspekte, die zu einem gesunden Gleichgewicht bewegen. Mein intensives Meditieren der Jahreszeiten hat mich zum Plädoyer einer Spiritualität der Unvollkommenheit geführt, die ich mit über vierzig mystischen Texten in meinem Buch „Verwundet bin ich und aufgehoben"[2] entworfen habe. Diese befreiende Spur, die uns Menschen ins richtige Lot bringen möchte, führe ich in diesem Buch weiter. Ich erkenne sie auch dankbar im letzten Buch von Dorothee Sölle, in ihrer „Mystik des Todes". Sie schreibt: „Der Wechsel der Jahreszeiten ist für mich nicht eine bedauerliche Panne, etwas Vermeidbares, sondern ein Teil des – fast möchte ich ganz altmodisch sagen – ‚irdischen Lebens', das von und in diesem Wechsel lebt. Was mir Angst

---

[2] Pierre Stutz, Verwundet bin ich und aufgehoben. Für eine Spiritualität der Unvollkommenheit, Kösel, München [3]2003.

macht, ist die technokratische Sicherheit, dass alles, was es auf Erden gibt, verfügbar und käuflich ist ... Wir benötigen eine neue Spiritualität, die den Rhythmus des Lebens kennt und akzeptiert. Wir können uns selbst unterbrechen, um diesen Rhythmus des Lebens wahrzunehmen und uns in ihn einzustimmen. Er ist vor uns da und nach uns da."[3]

Die folgenden Meditationstexte inspirieren sich von den vielfältigen Aspekten, die in den einzelnen Jahreszeiten aufscheinen. Sie möchten uns Menschen in verschiedenen Entwicklungsprozessen und Altersstufen ermutigen, unser Leben als lebenslanges Wachsen und Reifen anzunehmen, in denen wir zentralen Lebensfragen mit all ihrer Sehnsucht und allen Zweifeln immer wieder begegnen werden. Die verschiedenen Impulse sind kein Programm, das nun Seite für Seite angewendet werden muss. Die Vielfalt lädt ein, je nach Lebenssituation eine neue Weite und Vielfalt im eigenen Entwicklungsprozess und im Gestalten von Beziehungen zu entdecken. Zugleich bestärken uns die verschiedenen Jahreszeiten, uns wieder vermehrt in der Schöpfung zu verwurzeln, damit organisches, soziales, ökologisches Wachstum im persönlichen und gesellschaftlichen Kontext gefördert wird. Am Ende jedes Kapitels finden sich Impulse, Fragen und Rituale, die folgende Bereiche besonders hervorheben:

(1) Bei mir selber anfangen
(2) Freundschaft vertiefen
(3) Feiern im Familien- und Freundeskreis

---

[3] Dorothee Sölle, Mystik des Todes, Kreuz, Stuttgart 2003, 73.74.

(4) Gesunder Rhythmus im Beruf
(5) Engagement als Weltbürger/in

Dieser Praxisteil kann sehr persönlich und in der Arbeit mit Gruppen aufgenommen und erweitert werden. Ich nehme darin ganz bewusst – im Sinne des Wiederholens – Aspekte auf, die in den meditativen Kurztexten jedes Kapitels schon angesprochen wurden, um sie in der konkreten Praxis vertiefen zu können. Gabriele Hartlieb, meiner Lektorin bei Herder Spektrum, danke ich für ihre inspirierenden Ergänzungen.

Es ist ein befreiendes Menschenbild, das ich in diesem Gang durch die Jahreszeiten entwerfe und das dem unerbittlichen und lebensfeindlichen Gesetz des Immer-Mehr, Immer-Schneller, Immer-Machbarer, Immer-Erfolgreicher innere Wachstums- und Reifungsbilder entgegensetzt, in denen Werden und Loslassen, Fruchtbringen und Brachzeit, Gelingen und Scheitern auch in meiner Selbstwerdung, in meinen Beziehungen und in meinem verantwortungsvollen Engagement Zeit und Ort haben und sein dürfen.

Wie in all meinen Büchern geht es um zusammenhängende Einsichten, die zuerst in uns selber mehr Grund erhalten sollen. Das Einüben eines liebevolleren Umgang mit mir selber, mit meinen Stärken und Schwächen, mit meinem Aufrechtgehen und Gekrümmtsein und mit meinem alltäglichen Werden und Sterben verwandelt nicht nur mich selber, sondern die ganze Welt. Denn ein intensiver spiritueller Schöpfungsweg ist ein höchstpolitischer Weg, wie Franz Alt es in seinem Buch „Der ökologische Jesus – Vertauen in die Schöpfung" eindrücklich beschreibt. Darin zitiert er den ehemaligen Vizepräsidenten der USA, Al Gore: „Letztendlich müssen wir ein Gleichgewicht in uns selbst zwischen dem, was wir sind, und dem, was wir tun, wiederfinden ... Je gründlicher ich versuche, die Wurzeln für die globale Unweltkrise zu erforschen, um so mehr bin ich überzeugt, dass es sich um eine äußere Manifestation einer inneren Krise handelt, die ich in Ermangelung eines besseren Wortes als geistige Krise bezeichnen möchte ... Aber welches andere Wort könnte die Gesamtheit von Werten und Überzeugungen beschreiben, die unser grundsätzliches Verständnis für unseren Platz im Universum bestimmen?"[4]

Dieses Gleichgewicht zwischen meinem Sein und meinem Tun kann ich dank dem Rhythmus der Jahreszeiten jährlich neu verinnerlichen. Ich nenne es eine mystische Lebensgestaltung, in der ich nicht Tag für Tag durch Sachzwänge, Hektik und Konsum gelebt werde, sondern in der ich den Kraftort in mir entdecke, der mich zu einem einfachen, gesünderen Lebensstil motiviert und zu einer ökologischen Achtsamkeit, die allen Geschöpfen mit Mitgefühl und Solidarität begegnet.

Lausanne, im Advent 2003 Pierre Stutz

[4] Franz Alt, Der ökologische Jesus. Vertrauen in die Schöpfung, Goldmann, München 2003, 317.

I

Frühling in mir

Den Frühling begrüßen

Den Frühling begrüßen in mir
der neuen Lebenskraft trauen
die mich zum Aufbruch erwachen lässt
die meine Ängste verwandelt in Vertrauen

Den Frühling begrüßen in mir
dem aufblühenden Leben trauen
das mich beziehungsfähiger werden lässt
das Misstrauen verwandelt in Solidarität

Den Frühling begrüßen mit dir
gemeinsam durch die Felder ziehen
staunend die Grünkraft genießen
sie tief einatmen und sich aufrichten lassen

Den Frühling feiern in Gemeinschaft
eintauchen in die Erinnerung
dass Befreiung möglich ist
aus Fremdbestimmung und Unterdrückung

Den Frühling begrüßen in mir
jenes Urvertrauen wachsen lassen
dass aufmerksam die kleinen Wunder entdeckt
die zu großen Visionen führen

Den Frühling feiern mit allen Sinnen
voller Dankbarkeit erahnen
wie aus begrabenen Hoffnungen
neues Leben wachsen kann

Den Frühling begrüßen in mir
als hoffnungsstiftende Knospe in meinem Innern
die zur zärtlichen Gerechtigkeit bewegt
und zum Mitgefühl mit allen Geschöpfen

Den Frühling begrüßen mit dir
einander tief in die Augen schauen
als sei es zum ersten Mal
die erotische Lebenskraft genießen

Den Frühling erleben in Gemeinschaft
einander im Freien das Rückgrat stärken
staunen über das Erwachen der Natur
miteinander Aufstehen für mehr Lebensqualität

Den Frühling meditieren als inneres Bild
als Zeit des Säens, Hegen und Pflegens,
als Zeit des Aufatmens und Neuaufbruchs
als Zeit des Aufblühens und Wachsens

Die Zeit der Knospen

Wenn ich im Februar und März wochenlang an kahlen Sträuchern und Bäumen vorbeigehe, die oft wie abgestorben aussehen, dann ertappe ich mich bei dem hoffnungslosen Gedanken, dass dieses Jahr vielleicht nichts Neues wachsen wird. Ich werde konfrontiert mit meiner Ungeduld. Denn ich weiß ja: Obwohl sich im Inneren der Knospen ganz viel tut, obwohl sich in größter Langsamkeit höchste Aktivität ereignet, ist nach Außen ganz lange nur das Kahle, Erstarrte, scheinbar Leblose sichtbar. Dass das bei den Pflanzen so ist, lässt mich anders auch mit mir, mit den andern umgehen, gerade in Zeiten der Krankheit, der Neuorientierung, der Arbeitssuche, bei der Begleitung von Kindern und Jugendlichen in Umbruchzeiten. Manchmal kann es sehr lange dauern, bis die „Knospen" sich bei jemanden auftun, bis der „Knopf aufgeht".

Wenn ich dann schließlich im Vorbeigehen die ersten kleinen grünen Blätter entdecke und die Knospen meditiere, die ganz unscheinbar und doch schon voll innerer Lebenskraft sind, dann staune ich jedes Jahr voll tiefer Dankbarkeit. Ich erwache. Ich werde erleuchtet. Ich erlebe das große Wunder des Frühlings, des Neuaufbruchs. Ich stehe da zwischen Erde und Himmel, atme tief ein und aus und verinnerliche das Geheimnis des Sterbens und Werdens. In solchen Momenten ist mir jedes Wort zu viel, ich bin einfach da und staune und danke und bin berührt vom Geschenk des Lebens.

Dieser unscheinbare und großartige Vorgang in der Schöpfung lässt mich fragen, wo und wie ich das neue aufkeimende Leben in mir und in meinen Beziehungen und in politischen Neuaufbrüchen wahrnehme, unterstütze, hege und pflege? Der unbeirrbare Aufbruch, das lebendige Wachsen bringt mich aber auch in Verbindung mit lebensbehindernden Sätzen wie

„Da ist eh nichts mehr zu machen!"
„Die Zeit der Wunder ist vorbei!"
„Das ist absolut unmöglich, vergiss es!"
„Dieser Mensch ändert sich bestimmt nicht mehr!"
„Wir brauchen Realisten, keine Träumer!"
„Das ist nun mal so, damit musst du dich abfinden!".

Knospen konfrontieren mich mit der Frage nach der Hoffnung in meinem Leben. Wer nährt meine Hoffnung? Wie kann ich Widerstand leisten, damit all die vielen Hoffnungsansätze, die oft auch in Nebensätzen ausgedrückt werden, nicht durch Resignation und Apathie im Keim erstickt werden? Welche lebensbejahenden und lebensfördernden Sätze stärken mein Vertrauen in ein neues Wachsen und Reifen im Leben?

Die Zeit der Rückkehr

Am Frühling fasziniert mich die Rückkehr der Vögel. Ihr Zwitschern am Morgen ist für mich Ausdruck der Lebenskraft und der Lebensfreude, die nach Zeiten der Müdigkeit und der Verunsicherung zurückkehrt und mich neu belebt. Darum sind die Vögel für mich ein Gebet, weil ich durch sie diese Rückverbindung mit der göttlichen Lebensquelle in mir und in allem wahrnehme. *Rückkehr* muss also überhaupt nicht einen

Rückstand bedeuten – ganz im Gegenteil: Manchmal entdecke ich erst durch eine Rückkehr, wie ich und auch die anderen sich verändert, sich verwandelt haben. Es gibt dieses alte englische Lied „Morning has broken", das auch Cat Stevens gesungen hat und das von der Erfahrung erzählt, dass die Vögel am Morgen singen, als sei dies der erste Tag, den sie voll Staunen erleben – und dass jeder neue Morgen etwas von diesem ersten Schöpfungstag hat. Wenn ich bewusst früher aufstehe, in das Erwachen eines Frühlingsmorgens hinausschaue und die Lebensmelodien der Vögel höre, dann kann die Erfahrung für mich diese Intensität des „ersten Mals" haben. Nach jeder Nacht, nach jeder Dunkelheit, nach jeder Verunsicherung kehrt ein neuer Morgen zurück. Wie alle Tage – und doch völlig neu. In all meinen Entwicklungen darf ich auf diese Rückkehr vertrauen.

Rückkehr ist für mich auch mit Orten verbunden – und da gibt es Orte, an die ich gerne zurückkomme, und solche, die ich für immer meiden möchte. Wo sind meine/unsere Orte der Hoffnung, die mich beleben, zu denen ich gerne zurückkehre, bei denen ich schöpfen kann aus den uralten Schätzen der Tradition?

Wo sind meine/unsere Orte der Erinnerung, in denen Kraftvolles gefeiert und Himmelschreiendes durch ein Mahnmal nicht vergessen wird?

Und wo sind jene schrecklichen Orte, die ich meiden möchte, an die ich nie mehr zurückkehren möchte? Könnte eine Rückkehr, die sehr schmerzvoll sein kann, meine innere Heilung wachsen lassen? Was und wen brauche ich zur Hilfe oder Unterstützung, damit ich mich nochmals konfrontieren kann mit einem lebensbehindernden Ort?

Wie schütze ich mich vor Orten oder auch Menschen, die mir nicht gut tun, die meine Lebenskraft blockieren?

Die Reise der Zugvögel ist für mich ein Bild der tiefgründigen Erfahrung, dass die Sehnsucht nach Ankommen, nach Beheimatung, nach Rückverbindung (lat. = *re-ligio*) in uns nie gestillt sein wird.

Auch intensives Meditieren und aufmerksames Gestalten meines Umganges mit mir selber, den anderen, der Schöpfung und in alledem mit dem Göttlichen wird mich nicht vor dieser heiligen Unruhe bewahren. Dadurch bleibe ich lebendig. Ich kann aufbrechen, Neues wagen – und auch zurückkehren.

Die Zeit des Säens

Säen heißt etwas Kostbares aus der Hand geben, um es unserer Mutter Erde anzuvertrauen. Ich erinnere mich, wie auf dem Bauernhof meiner Großeltern das Saatgut „heilig" war, von größtem Wert. Es durfte nicht angetastet und vor der Zeit verbraucht werden, denn es bedeutete das tägliche Brot des nächsten Jahres. Darum bin ich bis heute entsetzt, wenn ich ein Stück Brot oder andere Lebensmittel in einem Abfalleimer entdecke. Es trifft mich ganz tief in meinem religiösen Empfinden. Darum segne ich bis heute wie meine Großmutter, wie meine Mutter das Brot vor dem Anschneiden: als Ausdruck tiefster Dankbarkeit.

Bevor das kostbare Saatgut losgelassen wird, braucht es das Zubereiten und Lockern der Erde. Vor dem Loslassen braucht es die Gabe des Einlassen auf das, was schon da ist. Das Öffnen, Lockern der Erde, das Bewässern, das Hegen und Pflegen der jungen Saat liegt in meiner Hand, das Wachstum bleibt immer Geschenk und Geheimnis.

In den Wachstumsgleichnissen, die Jesus in der Bibel erzählt[5], kann ich diese tiefe Lebensweisheit verinnerlichen. Jener Liebhaber des Lebens aus Nazareth war tief verliebt in die Schöpfung. Seine Worte spiegeln die Erfahrung von Wachstums- und Reifeprozessen, die er mit folgenden Worten auf den Punkt bringt:

„Wenn das Weizenkorn nicht in die Erde fällt und stirbt, bleibt es allein; wenn es aber stirbt, bringt es reiche Frucht." (Joh 12,24)

Diese Lebensweisheit findet sich auch in andern Religionen und Kulturen, denn ich kenne keinen spirituellen Weg, der nicht ein Weg des ständigen Loslassens ist. So sagt Lao tse:

„Hinausgehen ins Leben,
Eintreten in den Tod." [6]

Wenn sich im Frühling unsere Sehnsucht nach Lebendigkeit verstärkt, dann sind wir zugleich konfrontiert mit unserer Angst vor wirklichem, echtem Leben! Denn echtes, intensives, lustvolles Leben ereignet sich in der Hingabe an das Leben, das immer im Werden ist. Es bedeutet auch, die Kontrolle aufzugeben und dem Vertrauen neue Räume zu eröffnen. Neues Leben geht

---

[5] Vgl. Wachstumsgleichnisse im 4. Kapitel des Markusevangeliums.

[6] Hans-Georg Möller, Laozi. Meister der Spiritualität, Herder Spektrum 5080, Freiburg i. Br. 2003, 122.

einher mit dem Fallen in den Grund meiner Hoffnung und meiner Sehnsucht. Neues Leben geht einher mit der manchmal großen Unsicherheit des Wartens, dem Vertrauen darauf, dass die Saat im Dunkeln keimt und aufgeht. Wer die Prozesse der Natur in seinem persönlichen und gesellschaftlichen Leben bewusster verinnerlicht, der begegnet keiner romantisch-naiven Idealisierung der Natur, sondern der Kraft und der Härte des Lebens.

Und so heißt Säen: mein Vertrauen in das Wachstum erneuern, indem ich mein Bedürfnis nach Sicherheit sterben lasse.

Säen heißt annehmen, dass ich das Leben nie im Griff haben kann, dass es sich vielmehr in der Auf-gabe – im doppelten Sinn – entfalten kann.

Säen heißt dem Leben zutrauen, dass es sich fruchtbringend entfalten wird, wenn ich mich dem Urgrund allen Lebens anvertraue.

Säen heißt annehmen, dass das Wesentliche nicht verfügbar ist und dass darum eine ökologische Ethik dem Leben zuliebe notwendig ist.

Säen heißt eine beharrliche Geduld kultivieren, in der ich neu entscheiden muss, wann aktives Warten und wann Zupacken notwendig ist.

Die Zeit des Aufblühens

Ganz warm wird mir um's Herz, wenn ich die Blütenpracht im Frühling erlebe. Intensivstes Leben erwacht da in eindrücklichen Bildern voller Gegensätze: ein blühender Kirschbaum auf einem noch sehr kahlen Feld, Apfelblüten auf zartgrünen Wiesen. Es sind solche Bilder und Eindrücke, die in mir eine große Toleranz fördern, einen respektvollen Umgang mit den Gegensätzen, die unsere Welt reich und schön machen. Die frühen Schlehenblüten, die die schwarzen Zweige und manchmal eine ganze Landschaft erhellen, verdeutlichen in mir, was wirkliches Glück ist. Es liegt paradoxerweise in der Annahme, dass mir im Leben immer Glück – und Unglück begegnen werden. Ich sauge diese Wachstumsbilder regelrecht auf in mir, denn sie erinnern mich an all die Situationen im Leben, in denen ich erlebte, dass Menschen aufgeblüht sind. Was gibt es Schöneres im Zusammensein, als wenn Menschen mit ängstlichen, misstrauischen, bedrückten Gesichtern und gekrümmter Haltung aufblühen – dank einer Atmosphäre des Vertrauens und der gegenseitigen Anerkennung in der Verschiedenheit? Angesichts der frühlingshaften Blütenpracht kann ich dem Leben zulachen und voller Dankbarkeit die ganze spielerische Kreativität und die unermessliche Phantasie der Schöpfung genießen. All dies wird mir zum Sinnbild jener mystischen Lebensgestaltung, die den Menschen nicht von seinen Mängeln her definiert, sondern von seinem unerschöpflichen Potential an gestalterischer Kreativität. Im Anfang war nicht die Ursünde, sondern der Ursegen: Diese Annahme ist für mich entscheidend im Umgang mit mir und meinen Mitmenschen. Sie lässt mich unermüdlich an das Gute im Menschen glauben, an sein Verwandlungspotential, seine Fähigkeit, bis zur letzten Sekunde seines Lebens immer wieder neu angerührt zu werden von einem tiefen Staunen, das trotz Gebrechlichkeit, Fehlern und Schattenseiten zum wohltuenden Aufblühen, zur Entfaltung bewegt. An den Ursegen glauben heißt auch, zum Widerstand aufrufen, um den Spiel-Raum, das Spielerische im Leben, in unseren Beziehungen, in Familie und Berufsalltag wieder bewusster wahrzunehmen und zu kultivieren. Ich begegne Tag für Tag den großen Wundern, die so unscheinbar und so kraftvoll von der Großzügigkeit, der Verletzlichkeit und der Kraft des Lebens erzählen. Ich denke dabei an die Blüten, die von einem rauen Wind zerzaust und abgerissen werden können, und zugleich an den zärtlichen Blütenregen, der vom Verschwenderischen der Schöpfungskraft erzählt. Eine Spiritualität des Staunens über das Wunder des neuen Aufblühens und des Loslassens auch dessen, was uns kostbar ist, gelingt, wenn wir uns nicht von einer geizigen Habenmentalität gefangen halten lassen, sondern vermehrt aus dem Sein leben. Offen großzügig, und immer verletzlich. Der Mystiker Angelus Silesius sagt es in aller Einfachheit so:

„Die Ros' ist ohn warum: sie blühet, weil sie blühet, sie acht nicht ihrer selbst, fragt nicht, ob man sie siehet.“ [7]

Unsere Welt braucht dringend mehr Frauen und Männer, die sich selber finden und die sich vom Leben finden lassen, damit sie ihre geschenkten Gaben zum Blühen bringen können und dadurch selbstbewusster und selbstloser im Leben stehen.

---

[7] Angelus Silesius, Der Himmel ist in dir. Von der Seelenlust mystischer Frömmigkeit, Benziger, Zürich und Düsseldorf 1997, 81.

Die Zeit der Rückschläge

Unerwartete Kälteeinbrüche und Frost im Frühling erzählen von der Bedrohung, der neues Leben ausgesetzt ist. Was heute in voller Blüte dasteht, kann über Nacht zerstört werden. Das ist eine schmerzvolle Erfahrung, und wir werden uns mit ihr ein Leben lang schwer tun. In mir begehrt alles auf, wenn verheißungsvolle Anfänge und Neuaufbrüche durch Neid und Missgunst, durch Kleinlichkeit und Oberflächlichkeit blockiert und verhindert werden. Ein unaufhaltsamer Schrei nach Leben macht sich in mir dann Luft. Da empöre ich mich, da wehre ich mich, da stehe ich auf für mehr Lebensqualität.

Zugleich bin ich aufgefordert, einen konstruktiven Umgang mit den Rückschlägen im Leben zu lernen. Zunächst drängt sich die Frage des Schutzes auf: Wie gelingt es mir, die zarten, verletzlichen Seiten zu schützen? Wie kann ich anderen Menschen weniger Macht geben, die mich am Reifen hindern wollen, weil sie mich kontrollieren, besitzen wollen und nicht gehen lassen können? Wie gelingt es mir, trotz Verletzungen nicht um mich selber zu kreisen und im Selbstmitleid zu versinken, sondern mich neu zu öffnen, neu zu hoffen und zu vertrauen? Es sind dies zentrale Lebensfragen, mit denen ich nicht alleine bleiben kann: Es braucht verschiedene Ebenen des Austausches und der Begleitung, um gut und gesund mit Rückschlägen umgehen zu können.

Hilfreich ist mir auch die Erfahrung des Auszuges des Volkes Israel aus der Sklaverei, aus der Selbstentfremdung, von dem die Bibel erzählt. Nach dem begeisterten Aufbruch, in dem so viele Kräfte und Verbündete mobilisiert werden konnten, kommt sehr bald die Ernüchterung, Zweifel werden laut, Ungeduld, Murren und Resignation breiten sich aus. Offenbar gehören sie zu jeder Aufbruchsinitiative – und im Aushalten und Überwinden wird deutlich, wie wichtig das ins Auge genommene Ziel wirklich ist. Jeden Frühling kann ich neu lernen, alles zu tun, um das Wachstum zu schützen und zugleich anzunehmen, dass es bedroht ist. Das Wesentliche im Leben ist nicht machbar. Rückschläge im Leben stellen uns vor die Frage, ob wir in der Opferrolle bleiben wollen, ob wir uns ein Leben lang „durchjammern" wollen, oder ob wir unser Leben selber in die Hand nehmen – wohl wissend, dass es nie allein in unseren Händen liegt. Wenn unsere Hoffnungen durch-kreuzt werden, unsere Ideale in Frage gestellt werden, dann sind wir aufgerufen, in die Tiefe zu gehen. Geerdete Spiritualität entsteht in der Auseinandersetzung, im Konflikt, im Umgang mit Widerständen. Es führt mich zur mystischen Erfahrung, nicht außer mir zu bleiben, mich nicht von den Meinungsfragen leiten zu lassen, sondern den Weg durch meine Wüste, meine Einsamkeit zu gehen. Da werde ich Verunsicherungen begegnen und Durststrecken erleben und zugleich unerwartete Oasen und überraschende Verbündete finden. Die Dynamik des Aufbruchs ist entscheidend für Veränderung auf unserer Welt, das Dranbleiben, Durchtragen und Aushalten von Zweifel ist ebenso wichtig, um mit beharrlicher Geduld und Klugheit sich und seinen Idealen treu zu bleiben.

Die Zeit der Verwandlung

Frühlingszeit ist Verwandlungszeit: Erstarrtes, Eingefrorenes erwacht zu neuem Leben. Alle Frühlingsfeste in allen Religionen erzählen von diesem Übergang von Totgesagtem zu neuem Leben. Viele Märchen wissen von der Verwandlungskraft, die ganz tief in der Schöpfung und in uns Menschen angelegt ist. In der christlichen Tradition ist es das Ostergeschehen, das von dieser Lebenskraft erzählt, von der Fähigkeit, an Krisen wachsen und reifen zu können. Diese Verwandlung ist allerdings nur möglich, wenn ich wage anzuschauen, was meine Lebensenergie blockiert und erstarren lässt. Indem ich meine *durch-kreuzten* Hoffnungen *wahrnehme,* im Klagen und Mitschreien, geschieht Verwandlung zu neuem Leben. Ich bin herausgefordert, durch meinen Schmerz hindurchzugehen. Als kleiner Junge hatte ich im kalten Winter oft eingefrorene Finger. Der Prozess des Einfrierens geschah zunächst fast unmerklich, meine Bewegungsfreiheit war zwar eingeschränkt, doch sogar damit ließ es sich gut spielen im Freien. Unglaublich schmerzvoll war dann die Erfahrung des Auftauens. Die heilende Wärme, die im geheizten Zimmer meine Fingerspitzen wieder belebte, ließ mich laut aufschreien – so weh tat es, so groß war der Schmerz. Diese wiederkehrende Erfahrung hat sich mir im wahrsten Sinn des Wortes bis in die Fingerspitzen eingeprägt und mir einen Zugang zum Schweren im Leben eröffnet. Der Schmerz und das Leiden muss nicht gesucht werden und darf auf keinen Fall verherrlicht werden. Zugleich gibt es oft keine echte Heilung, keine Verwandlung ohne Schmerz, ohne den Übergang vom Dunklen zum Licht. C. G. Jung spricht davon, wenn er den Selbstwerdungsweg als andauernde Verwandlung sieht. Der Übergang vom Leiden zu neuem Leben wird im christlichen Deutungsversuch mit dem Bild des Hinabsteigens in die eigenen Abgründe, in das Reich des Todes verdeutlicht. Verwandlung geschieht in mir, wenn ich meine Gefühle nicht mehr bewerte, sondern sie wahrnehme, um sie dann gestalten, integrieren und verwandeln zu können. Auch in meinen Schattenseiten verbirgt sich eine tiefe Lebenskraft, die erlöst werden möchte. Erlösung und Verwandlung geschieht, wenn ich mich löse von falschen Idealbildern, von Allmachtsphantasien, von der Vorstellung, vollkommen sein zu müssen. Ein spiritueller Mensch ist eine Frau, ein Mann, die/der sich wie jedem Menschen Verwandlung zugesteht: Das ist eine alltägliche Herausforderung. Es liegt ihr die Erkenntnis zugrunde, dass ich meine Mitmenschen nicht ändern kann: Das ist keine fatalistische Aussage, sondern eine realistische Hoffnungsperspektive. Meine Beziehung zu den andern verwandelt sich, wenn ich in mir einen anderen Zugang zu ihnen finde. Die Verwandlungskraft des Frühlings verstärkt in mir dieses Vertrauen in das Gute in allen Menschen. Im Frühling spüre ich deutlicher als in anderen Jahreszeiten diese unbändige Lebenskraft, die mir hilft zu glauben, dass alles gut wird. –

Die Zeit der ersten Wärme

Wie sehr wir mit Leib und Seele auf das Wetter reagieren, lässt sich gut an der ansteckenden Aufbruchstimmung erkennen, die uns Menschen bei der ersten Wärme mit ihren wohltuenden Sonnenstrahlen öffnet für neue Begegnungen. Auf einmal zieht neues Leben ein auf den Spielplätzen, in den Straßencafés, am See und im Wald, auf den Balkons und in den Gärten.

Die ersten Frühlingstage laden mich ein, die Kunst des Genießens zu kultivieren. Ein langsames, behutsames Sich-Annähern an die Sonne ist gefragt, sonst überfordere ich meinen Leib und erkälte mich. Nach dem kalten, dunklen Winter brauche ich Licht und Wärme und setze mich beidem dennoch nur vorsichtig aus. Auch unsere Seele, das Lebendige im Menschen, braucht immer wieder Zwischen-Räume, Rückzugsmöglichkeiten, um sich wirklich entfalten zu können. Dies sagt sich so leicht. Es ist gar nicht so einfach, behutsam zu warten, wenn ich mich schon so lange nach Nähe und Wärme, nach Intimität gesehnt habe. Es gehört zum Schwierigsten im Leben, sich Zeit zu lassen und doch den Zeitpunkt nicht zu verpassen, wo ein Neuaufbruch gewagt werden muss. Zeiten des Überganges sind notwendiger denn je in unserer Welt; wir erfahren sie, wenn wir die Zeiten des Jahreslaufes wirklich wahrnehmen, und wir lernen in ihnen, die Wunder der Natur mehr auskosten und genießen zu können. Die verschiedenen Bräuche und Frühlingsfeste, die den Winter vertreiben sollen, ermutigen uns zu einer bewussteren Lebensgestaltung, in der ich nicht alles auf einmal haben muss – und zwar *subito!* –, sondern in der ich mich langsam öffnen kann für mehr Nähe und für neue Begegnungen.

Dass nicht wenige Menschen gerade beim Erwachen des Frühlings depressive Verstimmungen spüren oder sogar in eine Depression fallen können, zeigt, wie komplex unser Empfinden ist. Was für viele unverständlich ist, ist eigentlich ein natürlicher Vorgang. Zu viel Licht, zu viel Sonne auf einmal ertragen wir nicht. Wenn in den Berichten der Bibel von Begegnungen mit Engeln immer wieder die Worte „Fürchtet euch nicht" anklingen, dann erzählen sie von der Erfahrung, dass wir vor Freude, vor Glück weinen können. Dass wir angesichts des Wunderbaren auch erschrecken. Dass vordergründig schöne Erlebnisse uns mit dem Schmerz, mit der Dunkelheit und Kälte in und um uns konfrontieren können. Wenn ich darum weiß, kann ich mich auch schützen, um mir in meinem Rhythmus behutsam die Zeit zu lassen, die ich brauche, um in mir länger Erstarrtes, im Verborgenen Gehaltenes, Schwieriges auftauen zu lassen. Da helfen mir die Jesusworte, ein Leben lang vertrauensvoll wie ein Kind zu bleiben. Dies hat nichts mit Regression oder kindischen Verhalten zu tun. Wirkliches Leben ereignet sich immer im Paradoxen, in Gegensätzen, im Werden und Sterben. Ein Leben lang klein anfangen können heißt, mich herantasten und mir die „Finger verbrennen", klug sein und Fehler machen dürfen. Wir brauchen eine Kultur des Genießens, weil uns diese Kunst in unserer konsumorientierten Welt immer mehr abhanden gekommen ist – wir brauchen immer mehr Gefühlskicks, um ein bisschen was zu spüren! Wir sind eine in hohem Maße süchtige Gesellschaft, weil wir immer mehr brauchen und immer weniger lang genießen können. Im Entfalten eines achtsamen Lebensstil spüren wir, wann wir dabei sind, zu sehr zu kompensieren, anstatt auf unsere eigentlichen Bedürfnissen zu achten, wann wir durch übermäßigen Genuss bloße Symptombekämpfung betreiben, ohne der wirklichen Sehnsucht nach Anerkanntsein, nach Beziehung, nach Engagement zu begegnen. Der Umgang mit der ersten Wärme verweist uns auf wesentliche Menschheitserfahrungen, an denen wir arbeiten sollen, auch wenn wir sie nie ein für allemal gelöst haben werden.

Zeit zum Verlieben

Kürzlich hat mir eine 80-jährige Frau erzählt, dass sie sich im Frühling intensiv verliebt hatte. Noch nie hätte sie in ihrem Leben so leidenschaftliche und widersprüchliche Gefühle erlebt: himmlische Gefühle der Leichtigkeit, Angst und Verunsicherung, Wehmut über den viel zu späten Zeitpunkt dieser Erfahrung! Bei allem Mitfühlen dieser unterschiedlichen Gefühle war es für mich eine Wohltat, vor allem die Lebendigkeit dieser Erfahrung zu spüren.

Verliebtsein ist so wunderschön: das Angerührtsein von einem Menschen, das Vibrieren der Schmetterlinge im Bauch, das unerklärliche Sich-hingezogen-Fühlen zu diesem einem Menschen – es gäbe ja soviele andere –, die erotische Lebenskraft, die beflügelt, die von Zärtlichkeiten erfüllten Begegnungen, in denen Raum und Zeit wie aufgehoben sind ... Ein Lächeln, das genügt, um einander zu verwandeln und ohne ein Wort tief zu verstehen ...

All dies und vieles mehr lässt sich in jedem Alter und natürlich nicht nur im Frühling erfahren; doch der Frühling weckt diese tiefe Sehnsucht nach Anerkennung, nach Beziehung und Beheimatung und nach Verwandlung ganz besonders in uns. Diese Erfahrung zeigt, wie sehr unser ganzes Wesen auf ein DU angelegt ist und wie wir nur in dialogischen, auf Gegenseitigkeit angelegten Beziehungen wir selber werden können. Die spirituelle Kraft des Verliebtsein weist über uns hinaus auf unsere tiefe Sehnsucht nach dem Göttlichen. Wir erleben sie auch im lustvollen, verantwortungsvollen Gestalten unserer Sexualität, weil diese schöpferische Gabe ein wunderbares Geschenk Gottes ist, die zum Lieben und zum Geliebtwerden bewegt. Wunibald Müller bringt es auf den Punkt: Unsere Sexualität ist „auch eine Quelle für die Erfahrung des Erotischen, für kreatives Schaffen und die Fähigkeit, mystische Erfahrungen machen zu können. So hat unsere Sexualität eine genitale, eine personale, soziale und spirituelle Dimension."[8]

Diese vielschichtigen Dimensionen verdichten sich im Verliebtsein, und ich kann neben dem Genießen meiner Lebendigkeit dadurch auch lernen, was dahinter steckt an ungelebten Sehnsüchten. Das Verliebtsein schenkt mir das Spielerische im Leben und fordert mich heraus, auf meine Projektionen zu achten. Kein Partner, keine Partnerin auf dieser Welt kann all meine Sehnsüchte stillen. Die erotische Kraft des Verliebtsein findet sich in vielen Dimensionen mit vielen Menschen, ich finde sie in der Musik, in der Schöpfung, im Staunen über die Geburt eines Kindes, im Schreiben, im Aufgehen in einem Projekt, im herzhaften Lachen, im Spielen mit der ganzen Familie und sogar im Begleiten einer Sterbenden, im Lächeln, das nach dem Tode bleibt – es sind Glücksmomente, die ich nicht festhalten kann, die mir aber in der Tiefe für immer bleiben.

---

[8] Wunibald Müller, Küssen ist beten. Sexualität als Quelle der Spiritualität, Grünewald, Mainz 2003, 43.

Darum braucht es dringend eine Versöhnung zwischen Sexualität und Spiritualität und ihren beflügelnden Erfahrungen, die all unser Erleben von Nähe und Distanz verwurzeln in den Urgrund allen Verliebtseins und aller Beziehungen, in der Zärtlichkeit Gottes.

Zeit der Entschiedenheit

Mit dem Frühlingsbeginn werde ich erneut mit der Frage konfrontiert, ob ich mich für das Leben entscheide, für einen anderen Weg als den der Fremdbestimmung, Entfremdung, des Gefangenseins in mir selber und in Sachzwängen. So wie *jetzt* die Zeit zum Säen da ist, um im Sommer und Herbst ernten zu können, so gibt es immer wieder auch Zeiten im Leben, in denen klare Entscheidungen getroffen werden müssen.

Klarheit, Entschiedenheit, Ehrlichkeit sind Werte, die unsere Welt braucht, um einen anderen Umgang mit dem Leben und mit der Schöpfung zu entwerfen. In der spirituellen Tradition wird uns nahe gelegt, die Unterscheidung der Geister zu fördern; also Kriterien und Orientierung zu suchen, die echtes Wachstum und Reifen fördern. Dabei geht es nicht nur um unsere persönliche Zukunft, sondern um die Zukunft unserer Kinder und Enkelkinder. Der Frühling ist auf die Zukunft hin ausgerichtet: Wir bauen mit an der Zukunft, wenn wir einüben, verstärkt im jetzigen Moment zu leben und der Kraft des Augenblicks mehr zu trauen. Eine Kultur der Achtsamkeit ist gefragt, die die großen Zukunftsfragen nicht immer weiter verdrängt und vertagt, sondern sie durch einen einfacheren und ökologischeren Lebensstil jetzt schon fördert. Wer sich intensiv am Frühlingserwachen erfreut, muss sich aus Liebe zur Schöpfung auch folgenden Tatsachen stellen:

Jeden Tag werden

100 Tier- und Pflanzenarten ausgerottet
20000 Hektar Wüste zusätzlich produziert
86 Millionen Tonnen fruchtbaren Bodens durch Erosion zerstört
100 Millionen Tonnen Treibhausgase produziert

Franz Alt schreibt dazu: „Am Ende des 20. Jahrhunderts werden wir allein in diesem Jahrhundert mehr zerstört haben als in den 50 Jahrhunderten zuvor ... Zugleich liefert die Sonne jeden Tag der Erde 15000 mal mehr Energie, als alle Menschen verbrauchen – kostenlos, umweltfreundlich, klimaverträglich und für alle Zeiten. Sonne ist Leben, und Sonne schafft Leben".[9]

Sich im Frühling neu für das Leben zu entscheiden, um kraftvoll mit allen Menschen guten Willens für mehr Lebensqualität für unsere Kinder und Enkelkinder aufzustehen, heißt mitwirken an einer Energiepolitik, in der „die benötigte Energie zu 95 Prozent aus Biomasse, Sonne, Wind- und Wasserkraft gewonnen wird und lediglich noch zu fünf Prozent aus Erdöl"[10].

Es ist längst fünf vor Zwölf – und wir brauchen jetzt eine klare Umkehr und Entschiedenheit in unserem

---

[9] Franz Alt, a. a. O. 25, 100.
[10] Ebda., 161.

persönlichen Lebensstil, damit sich viele Generationen nach uns an der Kraft des Frühlings erfreuen können.

Zeit der Hoffnung

Ich liebe die Frühlingsspaziergänge durch die Wälder, in denen die Kraft der neu sprießenden grünen Blätter mir an Leib und Seele gut tut. Das Einatmen dieser „Grünkraft", wie Hildegard von Bingen sie nennt, bringt mich in die tiefe Verbindung mit der Hoffnungsdimension in meinem Leben. Als sensibler Mensch leide ich sehr an der Ungerechtigkeit auf dieser Welt, an erstarrten Institutionen, die sich immer mehr von den Menschen entfernen – unter anderem, um ihre Macht zu erhalten. Darum gestalte ich erst recht mein Leben aus der Hoffnung, dass wir alle Abbilder Gottes sind. Zugleich halte ich beim täglichen Zeitungslesen manchmal ganz verzweifelt Ausschau nach diesem Urvertrauen, wenn ich mich frage: Wo sind sie denn, all die Abbilder angesichts der 45 Kriege, die im Moment weltweit eine himmelschreiende Not erzeugen?

In diesen eisigen Zeiten, die ich zum Teil auch in meiner katholischen Kirche erlebe, ist für mich die Hoffnung auf den Frühling ein wegweisendes Bild. Seit meiner Zeit als Jugendlicher, seit 1970 bete ich darum täglich ein Gebet, das im Konzil der Jugend in Taizé geschrieben wurde:

> Ich glaube an den Frühling einer Kirche,
> die über keine Machtmittel mehr verfügt.

Dieses Hoffnungsgebet geht für mich einher mit der Bereitschaft, mich für eine offenere, zärtlichere und tolerantere Kirche ein- und mich damit manchem Widerspruch auszusetzen und zugleich anzunehmen, dass ich die Früchte in meinem Leben vielleicht nicht mehr werde ernten können. Aus der Hoffnung leben, heißt dankbar zu spüren, wie auch ich Früchte ernte, die Frauen und Männer in den letzten Jahrzehnten gesät haben und die erst viel später aufgegangen sind. Die Grünkraft im Frühling nährt für mich diese Hoffnung!

Frühling erleben
mich verabschieden
von der ängstlichen Kleinlichkeit
erneut Aufbrüche wagen
miteinander an das Unmögliche glauben

Frühling erfahren
die Hoffnungsfunken nicht durch
viele Wenn und Aber
im Keim ersticken lassen
einander zur Menschlichkeit bewegen

Frühling vertiefen
mitgestalten an einer Welt
die sich von Visionen leiten lässt
miteinander die nächsten Schritte finden
die zu ökologischer Achtsamkeit bewegen

Frühling verwirklichen
der Verwandlungskraft trauen
das erotische Spiel genießen
in allen Lebensphasen
aufstehen für eine zärtlichere Gerechtigkeit

Den Frühling durchschreiten

Bei mir selber ankommen

Ich suche mir einen besonderen Platz aus, den ich den ganzen Frühling hindurch immer wieder aufsuche. Ich achte auf meine Körperhaltung, auf meinen Bodenkontakt mit beiden Füßen, ich atme regelmäßig tief ein und aus und nehme mich wahr zwischen Erde und Himmel.

Wöchentlich gehe ich der einen oder anderen „Frühlingsfrage" nach:

- Um welche Lebensknospen weiß ich bei mir, die vielleicht schon lange bereit sind und darauf warten, aufgehen und aufblühen zu können? Was oder wer hilft mir dabei, der inneren Kraft meiner Knospen mehr zu trauen?
- Welche Hoffnungskeime zeigen sich immer wieder in meinen Gedanken, in Träumen, in inneren Bildern? Worauf richten sie sich? Wie kann ich sie mehr hegen und pflegen?
- Welche begrabenen, welche durch-kreuzten Hoffnungen habe ich in meinem Leben erfahren? Wie kann auch daraus eine neue Wachstums- und Reifechance entstehen?
- Welches kleine Senfkorn ist mir verborgen und kann zur Freude vieler wachsen und reifen? Welche Seiten von mir – musische, sportliche, intellektuelle, künstlerische – sind noch unterentwickelt und möchten mehr entfaltet werden?

Freundschaft vertiefen

Die Frühlingszeit ist die Zeit der Verliebten, eine Zeit, um Freundschaft, Partnerschaft oder Ehe zu erneuern und zu vertiefen. Gemeinsame Spaziergänge durch die Wälder, auf Wiesen und Feldern mit blühenden Bäumen laden zu einer Standortbestimmung ein:

- Was hat sich in unserer Beziehung seit einem Jahr verwandelt? Was bleibt noch erstarrt, was ist tabu zwischen uns?
- Was möchte neu belebt, kultiviert werden in unserem Zusammensein?
- Wie kann Erotik, Zärtlichkeit, Leidenschaft unsere Liebe vertiefen?
- Welche schwierigen Übergänge, Durststrecken oder Verunsicherungen erleben wir im Moment?
- Welche gemeinsamen Perspektiven sind durchkreuzt worden? Wie können wir daran wachsen und reifen und eine neue Lebensqualität entfalten?
- Welche Sehnsucht nach Anerkennung, Beheimatung und Verwandlung bricht neu auf in mir und in dem/der anderen? Wo können wir sie miteinander umsetzen und wo ist es wichtig, die Verschiedenheit zu respektieren, weil eigenes und gemeinsames Wachstum einander ergänzen können?

Feiern im Familien- und Freundeskreis

Die gemeinsame Arbeit im Garten stiftet Gemeinschaft. Sie kann uns zum Sinnbild werden, wie wir miteinander das Wachsen all der verschiedenen Personen in Familie und Freundeskreis fördern können und wie wir einander bestärken können, einen einfacheren Lebensstil zu entwickeln, in dem alle mehr Zeit füreinander haben. Folgende Impulse können einen Austausch fördern:

- Welche Frühlingsblume möchte ich sein? Welches Gemüse, das wir gesät oder gepflanzt haben, sagt viel über mich, mein Wesen aus?
- Was wünsche ich mir für gemeinsame Aufbrüche und Aktivitäten: Sport, Kultur, Basteln und Gestalten, Meditieren, Reisen, Spiel?
- Einmal pro Woche stellt jemand – das gilt auch für Kinder! – eine gelungenes Projekt vor, eine gute Nachricht, etwas, das Mut macht!
- Eine neue Lebensqualität verstärkt sich, wenn jede und jeder mitteilt, welche Lebenskraft, welche Stärken im Moment neu aufleben – und was mühsam bleibt und das Vertrauen in das Leben behindert und blockiert.
- Miteinander einen Hoffnungs-/Vertrauens-/Friedensstrauch oder -baum pflanzen: Wer hegt und pflegt ihn regelmäßig?
- Eine neue Kultur des Genießens bahnt sich an, wenn wir ganz bewusst nur saisongerecht einkaufen und miteinander beim Essen feiern, dass nach dem Winter nun Woche für Woche neue Gemüse und Früchte uns beglücken werden.

Gesunder Rhythmus im Beruf

Der Frühlingsanfang kann für mich eine Aufforderung sein, mein Berufsleben bewusster und achtsamer zu gestalten, in dem ich besonders auf einen gesunden

Rhythmus achte. Dabei können folgende Rituale eine Hilfe sein:

- Am Morgen halte ich beim Ankommen am Arbeitsplatz ganz bewusst einen Moment inne, ich atme tief durch und ich schließe einen Moment die Augen, um eine gesunde Körperhaltung und Arbeitseinstellung zu kultivieren, die sich erinnert, dass es beim Arbeiten wohl auf mich, meine Kompetenz, meine Entscheidungsfreudigkeit, mein Delegieren ankommt, dass alles jedoch nie nur von mir abhängt.
- Den Zugang zu meinen inneren Ressourcen erneuere ich stündlich im tiefen Ein- und Ausatmen. In der Mittagspause und am Abend bleibe ich beim Aufstehen einen Moment stehen, um meinen einmaligen Standpunkt zu finden. So lasse ich mich nicht durch die Sachzwänge leben.
- Als Arbeitsteam nehmen wir uns regelmäßig Zeit, um über unser Arbeitsklima zu sprechen. Wenn wir das wollen, ziehen wir eine Begleiterin, einen Begleiter hinzu, die/der uns ermutigt, den Rhythmus der Jahreszeiten vermehrt wieder auch in den Berufsalltag zu integrieren.
- Welche Energiefresser behindern meinen Lebensfluss in meiner Arbeit? Was und wer ist es, das/der meinen Arbeitsalltag belebt, wann bin ich in meinem Element? Was brauche ich für kreatives und effizientes Arbeiten? Das sind Fragen, die ich nicht alleine lösen muss, sondern im Team und/oder in meiner Supervision angehen kann.

Wer intensiver im Rhythmus der Jahreszeiten lebt, erkennt, wie er/sie Teil eines Ganzen ist.

Jeder spirituelle Weg ist darum ein politisches Unterwegssein, in dem mir bewusst wird, das all mein Tun und Lassen nicht nur mich und meine nähere Umgebung verändert, sondern die ganze Welt. Der Frühling will in uns die Hoffnung fördern in ein gerechteres Zusammensein mit Menschen, Tieren, Pflanzen, Schöpfung und Kosmos. Die Frühlingsfeste in den verschiedenen Kulturen und Religionen sind Aufbruchsfeste:

- Wie finde ich Verbündete, die mein politisches Bewusstsein fördern?
- Welche Gruppierungen will ich ideell und finanziell unterstützen, damit meine Hoffnung auch dieses Jahr wachsen und reifen kann?
- Wie kann ich konstruktiven, gewaltfreien Widerstand leisten durch Leserbriefe, Teilnahme an Demonstrationen, Unterschreiben von Basisinitiativen?
- Wie kann ich mein Urvertrauen in das Leben stärken, das nicht nur im Engagement wächst, sondern auch im bewussten Schweigen für den Frieden? Welche Meditationsform hilft mir dabei, in die Hoffnung hineinzuwachsen, dass ich durch meine Achtsamkeit, durch einen gesunden Lebensrhythmus unsere Welt verändere?
- Wie kann ich mit anderen weitere ökologische Schritte wagen, damit Atomenergie, Kohle, Erdöl, Erdgas immer mehr ersetzt werden durch solare Energie, durch Biomasse, Wind- und Wasserkraft?

- Wie können wir einander unterstützen, um ein saisongerechtes Einkaufen zu fördern? Viele entwicklungspolitische Organisationen informieren regelmäßig, welche Produkte auf der Grundlage der Bezahlung mit fairen Löhnen entstanden sind.

Ich wünsche dir
das Vertrauen in deine Verwandlungskraft
damit du neu aufblühen kannst
in deinen Beziehungen und deinem Berufsalltag

Ich wünsche dir
die Gabe der Entschiedenheit
damit du mit neuer Lebendigkeit
Erstarrtes aufweichen lassen kannst

Ich wünsche dir
die wohlwollende Aufmerksamkeit
damit du dich mit allen Sinnen freuen kannst
über die großen Wunder in der Schöpfung

Ich wünsche dir
die beharrliche Geduld
für das gemeinsame Wachsen und Reifen
im Annehmen der Verschiedenheit

*

Gesegnet sei dein Aufbruch
damit du Altes loslassen kannst
und zuversichtlich neue Schritte wagst

Gesegnet sei dein Suchen
damit du finden mögest
was du wirklich brauchst im Leben

Gesegnet sei dein Aufblühen
deine Knospen der Hoffnung
die sich vertrauensvoll öffnen werden

Gesegnet sei dein Engagement
dein Aufbruch für eine zärtliche Gerechtigkeit
die vielen Menschen Zuversicht schenkt

Gesegnet sei deine Lebenskraft
die sich in deinen Beziehungen entfaltet
auch in wohlwollender Konfliktfähigkeit

Gesegnet sei dein Dasein
im Genießen des Frühlings
es nährt dein Vertrauen ins Leben

*

Gesegnet sei euer Weg
Tag für Tag
im Genießen der Kraft der Liebe
im Aushalten von Verunsicherungen
im Aussprechen von Anerkennung

Gesegnet sei euer Unterwegssein
jeden Tag neu
im Staunen über das gemeinsame Wachsen
im Erneuern der Zusage einander beizustehen
im Erinnern an das Geschenk der Verwandlung

Gesegnet sei euer Zusammensein
Tag für Tag
im Stärken des Rückgrats
im Fördern der Gastfreundschaft
im solidarischen Aufstand für das Leben

Gesegnet sei euer Aufbruch
aus Strukturen des Misstrauens
aus lebensbehindernden Mustern
aus lähmender Ohnmacht

Gesegnet sei eure Liebe
im Hier und Jetzt

*

II

Sommer in mir

Den Sommer begrüßen

Den Sommer begrüßen in mir
zwischen Erde und Himmel sein, ganz da
Essen und Trinken im Freien genießen
die Kraft der Gemeinschaft erfahren

Den Sommer begrüßen in mir
beim Reisen und Ausruhen
mich eingebunden wissen in Schöpfung und Kosmos
was vieles sorgloser und leichter angehen lässt

Den Sommer feiern mit dir
die erotische Kraft der Freundschaft erleben
voll tiefer Dankbarkeit angerührt sein
von der hoffnungsstiftenden Vertrautheit

Den Sommer feiern in Gemeinschaft
die verschiedenen Bräuche und Feste
als große Chance wahrnehmen
um unerwartete Begegnungen zu fördern

Den Sommer begrüßen in mir
den Ursegen und das Bedrohliche
in der Natur wahrnehmen
das mich zu ökologischer Sorgfalt führt

Den Sommer feiern als tiefe Zusage
sein zu dürfen vor aller Leistung
Erholung und Ausspannen genießen
Spiel und Humor entwickeln

Den Sommer begrüßen in mir
Eintauchen in die Elemente
die meine innere Ruhe fördern
und engagierte Gelassenheit stärken

Den Sommer begrüßen in dir
im Inneren deinen Seelendiamanten entdecken
miteinander auch Reisen nach innen wagen
die zu tolerantem Mitsein bestärken

Den Sommer meditieren als hohe Zeit
intensives Leben in Extremen erfahren
beim Ernten, Schwitzen und Sich-Zurücklehnen
leidenschaftlich lebendig bleiben

Die hohe Zeit der Früchte

In unserem Klostergarten begegnet uns im Sommer eine paradiesische Fülle von Blumen, Kräutern, Gemüse und Früchten. Eine solche Fülle lässt sich überall entdecken, wo die Grünkraft eine Chance hat, auf Feldern und Wiesen, in Parks, beim Wandern in Berg und Tal. Ich schätze voll Dankbarkeit die Früchte der Erde und setze mich ein für einen biologischen Landbau, auch wenn dadurch nicht mehr alle Früchte „klinisch rein" glänzen. In der hohen Zeit des Sommers mit ihrer Intensität und ihrer überschwänglichen Fülle kann ich meine Dankbarkeit erneuern, und zugleich bin ich aufgerufen, ein gutes Maß zu finden. Wie schwierig und unberechenbar dies ist, zeigt mir der Garten. Wachstum und Reifen lässt sich nie in den Griff kriegen. In einem Jahr gibt es eine Bohnen-, in einem anderen eine Erdbeeren- oder eine Tomatenschwemme. Dieser Überfluss ist wunderbar – und zugleich braucht es einen guten Umgang mit der Fülle und der Begrenztheit – oder anders ausgedrückt mit dem Erfolg und der Niederlage. Diese existenziellen Themen begleiten uns ein Leben lang, weil wir vorher nie so genau wissen, wie sich etwas entwickelt und wie es ankommt. Maßvoll leben ist eine große spirituelle Aufgabe. Es bedeutet, nicht oberflächlich zu leben oder hinter seinen Möglichkeiten zu bleiben. Es hängt entscheidend von meiner Lebenseinstellung ab, wie ich mit hohen Zeiten umgehe, mit Zeiten höchster Aktivität, mit Zeiten, in denen ich eine überwältigende Fülle und Ernte erfahre – und natürlich auch, wie ich mit Brachzeiten, mit Leere umgehe. Dabei kann der für intensives Beschäftigtsein und Arbeiten gängige Begriff vom „Stress" mich selbst blockieren und behindern. Wenn ich im Sommer – und wann immer – intensiv arbeite, ganz in meinem Element bin und oft ins Schwitzen komme, dann muss dies kein Stress sein. Meine Großeltern haben auf dem Bauernhof im Sommer von früh bis spät gearbeitet, und mir wäre es nie in den Sinn gekommen, dass sie im Stress sind. Sie waren es auch nicht, weil sie den Ausgleich im Winter fanden und da auch an Wochentagen Zeit zum Spielen und zum unverplanten Dasein hatten. Diese Lebensweisheit gilt es wieder zu entdecken, gerade angesichts all unserer wirtschaftlichen Zwänge. Der Schlüssel liegt für mich in der täglichen Erinnerung, dass das Wesentliche im Leben ein Geschenk ist. Das gilt gerade, wenn ich viel und angestrengt arbeite. Auch wenn ich mein Bestes gegeben habe, so ist es immer begrenzt. Diese Einstellung hilft mir, um mich nicht im Erfolg zu verlieren und sie stärkt mich, auch mit Rückschlägen und Scheitern umgehen zu können. Das Wachstum im Garten und auf dem Feld, seine Fülle und seine Überraschungen, seine Unwägbarkeit und die Widersprüchlichkeiten, die zu ihm gehören, kann darum zum Sinnbild inneren Wachstums werden – auch da sind oft Früchte und Unkraut zusammen anzutreffen.

Zeit zum Reisen

Ich reise sehr gerne und bin viele Tage im Jahr im Zug unterwegs. Dabei bin ich fasziniert von dem Gedanken, unterwegs auch daheim sein zu können. Unsere Suche nach Glück lässt uns oft aufbrechen, um neue Orte, Länder und Kulturen zu entdecken. Es liegt darin die große Chance einer stärkeren Verbundenheit mit allen Menschen, die sich im gemeinsamen Weltenhaus ausdrücken kann. Zugleich sind wir beim Reisen manchmal in Gefahr, unser Glück „außen" zu suchen, in einer besonderen Gegend, an einem bestimmten Ort – obwohl dieser Ort in uns selber liegt. Wenn wir das Glück irgendwo anders suchen, leben wir nicht mehr in der Gegenwart, wir richten unsere ganze Energie auf den Urlaub und leben im Extremfall nur noch für und auf die Ferien hin. Die Frustration und der Ferienstress ist dadurch oft schon vorprogrammiert und wir verbauen uns durch viel zu hohe Ansprüche und Erwartungen die notwendige Erholung.

Auch auf Reisen können wir das Vergnügen, die Leichtigkeit und zugleich die großen Lebensthemen erfahren. Es tut gut, sich dessen bewusst zu sein. Beim Reisen kann ich mich selber und die anderen von einer anderen Seite kennen lernen – und das ist nicht immer nur schön, es kann voller Konflikte sein. Da begegnen wir nämlich unserer Abenteuerlust und unserem Bedürfnis nach Sicherheit, unserer Sehnsucht nach Erholung und unserem Durst nach Neuem, unserer Hoffnung, einfach sein zu dürfen und nicht viel entscheiden zu müssen und unserer Versuchung, ja nichts zu verpassen.

Beim Reisen sich auf andere Kulturen und Bräuche einlassen, heißt Gewohntes und Vertrautes loslassen, flexibel werden, sonst gehört der Ärger zur Tagesordnung. Darum ist auch das Reisen eine eigentliche Lebensschule. Wir lernen dabei, dass das Planen und Vorbereiten wichtig ist und uns zugleich viel Unvorhergesehenes und Ungewohntes begegnen kann.

In diesem Spannungsbereich begegnen wir uns selber. Denn wo immer wir hingehen, wir nehmen uns selber mit. Diese Selbsterkenntnis lässt die gemeinsame Reise auch zu einer inneren Reise werden. Sie beginnt beim gemeinsamen Vorbereiten und Austauschen der verschiedenen Bedürfnisse, über die wir uns klar sein sollten. In solchen vorbereitenden Gesprächen kann Wesentliches geschehen. Da wachsen und reifen Beziehungen, weil Gemeinsamkeiten in der Verschiedenheit gesucht werden und weil auch im Urlaub Nähe und Distanz gefragt sind.

Auch beim Reisen ist meine Achtsamkeit gefragt, sonst lasse ich mich durch die vielen Möglichkeiten und die große Mobilität unnötig verplanen. Dabei kommt ein zentraler Sinn des Reisens und des Urlaubs zu kurz: fortgehen können, um durch den Abstand zum Alltag die Seele zur Ruhe kommen zu lassen.

Zeit des Spiels und der Leichtigkeit

Sommerzeit ist Spielzeit. In unserer so verplanten Welt sehnt sich unser ganzes Sein nach einem größeren Spiel-Raum. Die langen hellen Tage mit ihren vielen Möglichkeiten, sich im Freien bewegen zu können, sind eine Einladung, eine Herausforderung zum gemeinsamen Spiel. Im Spiel schaffen wir uns neu. Es ist zweckfrei und hat dabei doch ein Ziel. Beim Spielen schaffen wir eine eigene Welt, wir erfinden unsere Welt neu und wir schöpfen durch diese Auszeit auch neue Kraft, die Welt zu verändern. Spielen heißt für mich, vielen ungelebten Seiten Ausdruck und eine neue Wachstumschance zu geben. Beim Spielen vergesse ich mich, ich verliere das Gefühl für die Zeit, ich bin ganz bei mir und zugleich intensiv mit anderen zusammen. In diesen Worten klingen für mich zentrale mystische Motive an – wie es mir überhaupt immer wieder darum geht, das große Wort „Mystik" hineinzuholen in all unsere Lebensvollzüge, besonders auch ins Spielen, Lachen, Bewegen. In dem wunderbaren Film „Billy Elliot" finde ich eine der schönsten Umschreibungen, was Spiel – beziehungsweise: was Mystik ist. Der kleine Billy tanzt beim Royal Ballett vor, dabei ist er wie beim Spielen ganz in seinem Element. Als ihn jedoch das Expertenteam fragt, was er dabei spüre und fühle, ist der Junge völlig verlegen. Es fehlen ihm die Worte, dann stammelt er: „Am Anfang bin ich noch steif. Dann tanze ich einfach und ich vergesse mich immer mehr und es ist, wie wenn ich verschwinden würde … es ist, wie wenn Elektrizität oder Feuer meinen ganzen Körper durchdringt. Dann bin ich voll da und ganz weg."

Das ist Mystik: voll da sein, sich vergessen und aufgehen in einem größeren Ganzen. Ich bin überzeugt, dass wir alle solche intensiven Lebensmomente kennen. Niemand kann diese Momente festhalten. Beim Spiel können wir erleben, wie unsere Zeitdimension wie aufgehoben erscheint und wir einfach da sind und voll weg von all unseren Alltagssorgen. Das ist eine persönliche und zugleich zutiefst gemeinschaftliche Erfahrung. Unsere Seele sehnt sich nach einfachen Spielen, in denen wir uns neu begegnen können, in denen herzhaftes Lachen uns geschenkt ist – und in denen wir mit dem Lebensthema „gewinnen und verlieren" konfrontiert sind. Sogar beim Spielen sind wir Teil eines Ganzen, und bei aller Leichtigkeit kann es auf einmal sehr ernst werden! Wenn Kinder spielen, dann spielen sie „die ganze Welt", all ihre Erlebnisse, das Schöne und Lustvolle, das Traurige und Ungerechte findet im Spiel seinen Ausdruck. Dies gilt auch für uns, wenn wir beim Spielen unsere gut eingespielten Rollen und Masken ablegen und unser wahres Gesicht zeigen. Der Sommer bietet mit seinem intensiven Licht, seiner Leichtigkeit, seiner Einladung, sich im Freien zu bewegen, besonders viele Möglichkeiten dazu. Spielerische Menschen entdecken ungeahnte Spielräume in ihrem Alltag, die Kreativität und Effizienz fördern.

Die Zeit der Müdigkeit

Je mehr wir uns im Sommer, in der Ferienzeit entspannen können, umso mehr wird sich unser Körper und damit auch unser Geist und unsere Seele all das holen, was sie zutiefst brauchen und was wir zu lange verweigert haben. Es soll uns nicht überraschen, dass wir nach Zeiten von großer Anstrengung und von höchster Konzentration beim Entspannen zuerst noch müder und erschöpfter werden. Im wohlwollenden Annehmen dieser mühsamen Wirklichkeit können wir echte Spiritualität entfalten. Denn der Weg vom Kopf zum Herzen und sogar bis in unsere Zehenspitzen ist Millimeterarbeit! Was wir längst schon wissen, lässt sich nicht von einem Tag auf den anderen verändern. Es braucht Zeiten des Überganges, in denen wir uns gehen lassen und uns erlauben, müde zu sein, obwohl wir soviel geschlafen haben wie schon lange nicht mehr. Mein Leib wird mir zum spirituellen Lehrmeister, wenn ich an meine Grenzen stoße und konkret erfahre, dass das Wesentliche im Leben nicht machbar ist. Wenn ich im Sommer verdorrten Pflanzen begegne, die zu wenig Wasser hatten, dann kann ich durch sie lernen, dass sie wie mein Leib viel Zeit brauchen, um sich zu regenerieren. Wenn wir bei solchen Prozessen vorschnell von Stillstand sprechen, dann bedenken wir zu wenig, dass sich bei einem so genannten Stillstand innerlich sehr viel bewegen kann. Zu einer echten Erholung braucht es geradezu den Stillstand, die Entschleunigung, die Langsamkeit.

Ich persönlich werde beim Meditieren unserer Quelle in Fontaine-André in dem Vertrauen bestärkt, dass im Stillen vieles geschieht, was ich mit meinen Augen nicht wahrnehmen kann. Im extrem heißen und trockenen Sommer 2003 habe ich die Brunnenstube, in der die Quelle eingefasst ist, oft für unsere Gäste geöffnet. Jedes Mal glaubten wir, die Quelle sei nun wirklich versiegt. Das Fließen des spärlichen Wassers war nicht mehr sichtbar – doch es war da, verborgen.

Jedes Mal habe ich dabei an Menschen gedacht, die sich nach einem „Burn-out" oder in einer längeren Umbruchzeit sehr lange mit ihrer Müdigkeit und ihrem Erschöpftsein auseinander setzen müssen. Wochen- und monatelang können sie und wir den Eindruck haben, dass sich nichts verändert. Sich dabei mit Wohlwollen und Geduld begegnen, ist unglaublich schwer. Darum können konkrete Bilder in der Schöpfung eine echte Lebenshilfe sein, um seiner Müdigkeit wohlwollender zu begegnen. Es gelingt, wenn ich meine Langsamkeit als Chance sehe, um all die vielen – im Stillen geschehenden – Wachstumswunder bewusster wahrzunehmen: Jene Wunder vor allem, die mir offensichtlich werden lassen, dass sich auch in „abgebrochenen" Situationen, in Unterbrechungen, im Stillstand neues Leben unaufhaltsam seinen Weg sucht. Jene Wunder, die mir zeigen, dass sich in Zeiten der Trockenheit unsere Wurzeln noch tiefer auf die Erde einlassen, um unerwartet neue Zugänge zum Wasser des Lebens zu entdecken.

Die Zeit der Festivals

In den letzten Jahren hat die Vielfalt der Sommerfestivals mit vielen Veranstaltungen unter freiem Himmel, mit Konzerten, Theater, Openair-Kino, Straßenmusikern und -musikerinnen, Begegnungen auf der Alp und vieles andere zum Glück ein großes Echo gefunden. Wenn Pablo Picasso sagt, „schöpferisch sein, ist das Wichtigste im Leben", erahne ich als spiritueller Mensch in der schöpferischen Kreativität und Phantasie die schöpferische Kraft von Freundin Geist. Denn Gottes Geist weht bekanntlich, wo sie/er will. Der Atem Gottes lässt sich von keiner Religion allein beanspruchen und auch in keine Kirche, keinen Tempel, keine Moschee einschließen.

Auf Festivals führen künstlerische Begabungen Menschen verschiedener Länder und Kulturen zusammen, da fallen die Grenzen des Misstrauens und der Fremdenfeindlichkeit. In dieser Atmosphäre von Festivals blühe ich auf, ich tanze auf der Straße, ich lache laut, ich genieße das köstliche ungewohnte Essen aus vielen Ländern und ich begegne vor allem Menschen jeden Alters und verschiedener Berufe und Weltanschauungen. Ich bin offen für das viele, was ich erlebe, ich höre, sehe, rieche und schmecke und bin erfüllt von den Eindrücken solcher Stunden und Tage.

Unter freiem Himmel erkennen wir auf einmal, dass es nur eine Erde und nur einen Himmel gibt, der offen ist für alle. Berührungsängste werden überwunden und unerwartete Gespräche finden statt. Ich erfahre dabei eine weltweite Schöpfungsfamilie, die ihre Lebensfreude kultiviert und dadurch Werte wie Toleranz und Solidarität mit Lebenslust fördert. Ich spüre mit vielen anderen ein tiefes Angerührtsein vom großen Geheimnis des Lebens, der Schöpfung. Die Offenheit zum Himmel und der künstlerische Ausdruck auf der Bühne, auf Straßen und Plätzen: Inneres und Äußeres vereinen sich harmonisch. Der islamische Sufi-Meister Rumi hat dafür ein schönes poetisches Bild:

> *„Wenn du nur den Kern einer Aprikose ohne die äußere Hülle in die Erde pflanzest, wird nichts wachsen;*
> *wenn du ihn aber mit der äußeren Hülle pflanzest, wird er wachsen.*
> *Daraus erfahren wir, dass auch die äußere Hülle eine Funktion hat.“*[11]

Ich brauche den Tanz des Lebens, die Bewegung, das Spielen und Lachen und all die vielen äußeren, leibhaften Erfahrungen auf meinem inneren, spirituellen Weg. Dabei atme ich auf, weil sichtbar wird, dass wir Menschen viel mehr sind als unsere Leistungen, dass

---

[11] Annemarie Schimmel, Rumi. Meister der Spiritualität, Herder Spektrum 5093, Freiburg i. Br. 2001, 71.

eine schöpferische Quelle in uns allen angelegt ist, die darauf wartet, sich entfalten und sprudeln zu können.

In dieser atemberaubenden Kreativität werde ich bewegt zur Gastfreundschaft, die mich zum wahren Glück führt, das nur im Teilen wirklich erfahrbar ist. Dabei erinnere ich mich an einige Worte im Hebräerbrief aus dem Neuen Testament der Bibel: „Vergesst die Gastfreundschaft nicht; denn durch sie haben einige, ohne es zu ahnen, Engel beherbergt" (13,2). Diese Weite tut mir gut. Denn ich will mit meiner Begeisterung über all die sommerlichen Festivals niemanden vereinnahmen. Ich erlebe dabei ganz einfach viele spirituelle Glücksmomente, die meine Hoffnung nähren und die mich mitgestalten lassen an einer anderen Welt, einer zärtlicheren und gerechteren.

Die Zeit der Gegensätze

Die beiden Sommer 2002 und 2003 haben viele Menschen in eine große Not gebracht: Jahrhundertflut und Jahrhunderthitze konfrontieren uns mit den zerstörerischen Seiten der Natur wie mit den Grenzen von Planbarkeit und Machbarkeit. Auch die heftigen sommerlichen Gewitter, die vielen Menschen Angst machen können und die mit Unberechenbarkeit und Wucht eintreffen, zeigen uns, wie verletzlich und verwundbar wir angesichts der Gewalt der Natur und der Macht des Kosmos sind. Spirituelle Menschen entziehen sich nicht diesen Fragen nach den Gegensätzen, nach den verschiedenen Polen und Widersprüchen im Leben, sondern sie lernen damit umzugehen. Dabei spielt der Schutz eine wichtige Rolle, um nicht der Angst und der Verunsicherung ausgeliefert zu sein. Obwohl das Leben nicht in unserer Hand liegt, weil wir immer Geschöpf sind, so gehört es zu unserem Lebenssinn, unser Leben in die Hand zu nehmen, um uns in der Schöpfung mit ihren wunderbaren und auch unberechenbaren Seiten zurechtzufinden. Wir erfahren dabei, dass uns das Ganze übersteigt – und dass wir staunend klein sind zwischen Erde und Himmel. Eine schöpfungszentrierte Spiritualität sucht das Verbindende mit allen Elementen. Franz von Assisi weist uns da einen eindrucksvollen Weg: Wenn er von Bruder Wind, Schwester Wasser, Mutter Erde und Bruder Sonne spricht und wenn er mit den Tieren ins Gespräch kommt, dann erfährt sein Verwurzeltsein in die Schöpfung eine tiefe Kraft. Sich so eingebunden zu wissen, bedeutet sich zu verabschieden von den Allmachtsphantasien, dass Menschen über allen anderen Geschöpfen stünden und darum die Natur ausbeuten und die Tiere nach unserem Gutdünken behandeln könnten. Hier zeigt sich einmal mehr die politische Dimension spiritueller Fragestellungen. Es wäre ein Verrat des Glaubens an Gott, dem Schöpfer allen Lebens, wenn wir naiv meinen, er würde die vom Menschen durcheinander gebrachte Ordnung irgendwann schon richten und mit dem Zauberstab die verheerenden Konsequenzen all unserer Exzesse aufheben. Die schmerzvollen Erfahrungen der letzten Sommer lässt mich das leidenschaftliche Plädoyer von Franz Alt übernehmen: „Das 21. Jahrhundert wird ein solares Jahrhundert. Daran führt kein Weg vorbei, wenn wir eine gute Zukunft wollen. Die alten Energieträger – Kohle, Erdöl, Erdgas, Atomenergie – werden knapp und damit zu teuer. Außerdem sind sie umweltschädlich, gefährlich, laut und klimazerstörend. Hingegen stehen uns Sonne, Wind, Wasser sowie Energie von Acker und Wald in beinahe unendlicher Fülle, für immer und weitgehend kostenlos zur Verfügung ... ein Großteil der ökologischen Probleme unserer Zeit sind Beschleunigungsprobleme: Wir beuten die Natur und ihre Schätze viel zu schnell aus ... Jede natürliche Entwicklung braucht ihre natürliche Zeit und ihren Rhythmus." [12]

Spirituelle Menschen leisten Widerstand gegen die unheilvolle Beschleunigung und fördern den natürlichen Rhythmus des Ein- und Ausatmens, des Arbeitens und Faulenzens, des Säens und Erntens. So wird ein persönlicher, einfacherer Lebensstil zum politischen Engagement, in dem ich auch lerne, mit Gegensätzen umzugehen, mit Kampf und Kontemplation, mit Erfolgen und Rückschlägen, mit Konflikten und Kompromissen, mit Visionen und dem Verinnerlichen der uralten Weisheit: Der Weg zur Quelle führt gegen den Strom!

Zeit der Bewegung

„Wer schwimmt, meditiert", sagte der große Meditationslehrer Karlfried Graf Dürckheim.

Diese drei Worte haben eine befreiende Wirkung auf meinen spirituellen Weg. Obwohl ich die Stille mehr denn je brauche und regelmäßig im Sitzen meditiere, war mir immer schon ganz klar, dass für mein leiblich-seelisches Gleichgewicht die Bewegung von zentraler Bedeutung ist.

---

[12] Franz Alt, a. a. O. 105.255.

Darum habe ich viele Rituale entwickelt, in denen ich in intensiver Bewegung ganz bei mir sein kann. Wenn ich einen Morgen lang in höchster Konzentration in Begleitgesprächen oder beim Schreiben dasitze, dann schreit in mir alles nach Bewegung. Darum ist es für mich eine Wohltat, im Garten zu arbeiten, Zimmer und Toiletten zu putzen, Gruppenräume einzurichten oder Böden zu reinigen. Meditation heißt sich sammeln, dazu braucht es ganz sicher immer wieder die Ruhe, das bewusste tiefe Ein- und Ausatmen. Doch ich kann mich auch sammeln, wenn ich schnell einen Berg hinaufgehe und sehr ins Schwitzen komme. Meine Grundhaltung ist dabei entscheidend. Alle sportlichen Leistungen können zur Meditation werden, wenn ich mir bewusst werde, dass sich die göttliche Kraft in mir bewegt und mich neu belebt und verbindet mit Schöpfung und Kosmos. Wenn ich beim Schwimmen eintauche in das Urelement Wasser und ich mich getragen und aufgehoben fühle, dann erahne ich jenes Einsein, wonach ich mich so sehne. Wenn ich, mühsam und befreiend zugleich, einen Berggipfel besteige, dann begegnen mir dabei so wichtige Lebensthemen wie Vorfreude, Anfangsbegeisterung, Zweifel, Müdigkeit, Staunen, Durchhalten, Neuaufbruch, Angewiesensein auf andere, Schwitzen und tiefes Atmen, das Glücksgefühl beim Ankommen und die Einsicht, dass sich auf dem Gipfel nicht leben lässt, sondern das wirkliche Leben mich zum Abstieg ruft. In dem Eingebundensein zwischen Erde und Himmel und bewegt von all den verschiedenen Gefühlen, kann ich mein Gehen als Gebet erfahren, das mich immer wieder zum Aufatmen belebt.

Wenn ich beim Radfahren auf mein Gleichgewicht

achte, dann erkenne ich darin den Auftrag, all-täglich gut in meinem Lot zu sein, immer wieder Balance zu finden. Mein Keuchen beim Aufstieg und meine Lust, mich gehen lassen zu können beim Bergabfahren, werden zur Meditation, wenn ich mich mit Hildegard von Bingen erinnere, dass ich in all meinen Bewegungen die schöpferische Bewegung Gottes erahnen kann. Sie wirkt unaufhaltsam durch uns:

„Und so ist der Mensch das Werk Gottes mit Leib und im Geiste. Als ein gewaltiger Künstler hat Gott Hand an dieses Werk gelegt, und Er bleibt mit ihm immerfort am Werke, da Er mit dem Menschen Seine Schöpfung zu Ende führen will."[13]

Lassen wir uns kraftvoll bewegen, innerlich und äußerlich durch den Liebesstrom Gottes in allem.

Zeit zum Nichtstun

„Hiersein ist herrlich …
Nirgends, Geliebte, wird Welt sein, als innen.
Unser Leben geht hin mit Verwandlung …"[14]

… schreibt Rainer Maria Rilke in seiner zweiten Duineser Elegie. Hiersein, im Augenblick leben, die Kraft der Gegenwart ein- und ausatmen, ist eine der größten Herausforderungen unseres Lebens. Eine spirituelle

[13] Zit. nach Matthew Fox, Der große Segen. Umarmt von der Schöpfung, Claudius, München 1991, 205.
[14] Rainer Maria Rilke, Werke in drei Bänden, Band 1 Gedicht-Zyklen, Ex Libris, Zürich 1965, 466–467.

Vertiefung des Wachsens und Reifens führt in aller Klarheit zu einer aufmerksameren Lebensgestaltung im Hier und Jetzt. Da begegne ich in meinem Inneren der ganzen Welt, da verwandeln sich all meine Ängste und Sorgen in ein Hineinwachsen in die vertrauensvolle Gegenwart des Göttlichem in allem.

Die Sommerzeit lädt mit ihrer Leichtigkeit und Wärme zum Ausruhen ein, zum Dasein, das in einer mystischen Lebensweise immer ein Mitsein ist. Ich kann nie für mich alleine sein, ich bin immer verwurzelt in das Atmen des heilenden Geistes, das im kraftvollen Nichtstun Raum erhält zu einer sinnstiftenden Solidarität. Im Daliegen am Meer, im Verweilen in den Bergen, im Ruhen in meinem Liegestuhl, im Getragensein vom Wasser, im Kosten all der Früchte unserer Erde erfahre ich die segnende Kraft des Sabbats. Da ereignet sich Gott in mir. Unsere jüdischen Wurzeln lehren uns, dass ein neuer Tag am Abend beginnt, wie wir es im Schöpfungsbericht im biblischen Buche Genesis lesen können: „Und es wurde Abend und es wurde Morgen: erster Tag" (Genesis 1,5). Es ist ein Zuspruch zum Seindürfen vor allen Ansprüchen. Dies ist eine revolutionäre Botschaft, die unseren Zeitgeist grundlegend hinterfragt. Eine verwandelnde Kraft, die unsere Lebenseinstellung, unseren Alltag, unsere Arbeit in ein anderes Licht stellt. Dein Wert entspringt aus deinem Sein, deiner inneren Kraft und deiner Verletzlichkeit. Du bleibst einmalig und kostbar, wenn du dir die Kraft des Nichtstuns gönnst, wo deine Lebenskraft und deine Ohnmacht, dein Lachen und Weinen einen Ausdruck finden können, der Beziehungen stiftet. Unser Wachsen und Reifen braucht den gesunden Rhythmus des Seindürfens und Zupackens. Unsere Gesellschaft braucht Menschen, die nicht dauernd außer sich sind, sondern in sich selber den Ort der Ruhe entdecken, der zum liebenden Mitsein mit aller Kreatur ermutigt.

Zeit am Wasser

Die Sommerzeit führt uns in die Nähe des Wassers, zu Bächen und Flüssen, zu Seen und zum Meer. Das Wasser ist der Ursprung allen Lebens, auch unseres ganz persönlichen Lebens: Neun Monate schwimmen wir im Fruchtwasser der Mutter. Darum hat das Wasser eine so große Anziehungskraft in unserem Leben. Es erfrischt, beruhigt, inspiriert und reinigt. In allen Religionen und Kulturen finden wir Rituale und Riten, die die Symbolik des Wassers aufnehmen; darin können wir unseren Lebenslauf erkennen. So feiern wir in der christlichen Taufe im Eintauchen in das Wasser, dass wir das Leben nie in Griff haben werden – es ist immer im Fluss. Solches Loslassen ist wie „ein kleiner Tod", ein Sterben, um lebendiger zu werden. Mystikerinnen und Mystiker entfalten das biblische Motiv vom Wasser des Lebens in ihrer Ermutigung, einen inneren Weg zu gehen, um aus der eigenen Quelle zu schöpfen (Bernhard von Clairvaux), um den unmittelbaren Zugang zum Göttlichen im Schweigegebet als erfrischende Quelle zu erfahren (Teresa von Avila), um sich nicht mit einer Pfütze, mit der Oberflächlichkeit im Leben zu begnügen, sondern aus der Tiefe, dem eigenen Brunnen zu schöpfen (Angelus Silesius). Die Begegnungen am Wasser, besonders am Meer, laden uns ein zu spirituellen Erfahrungen. Sehr schön finde ich, wie der lateinamerikanische Mystikerpoet Ernesto

Cardenal beschreibt, dass in der Bewegung im Wasser unsere unendliche Sehnsucht nach Gott ihren Ausdruck findet: „Sogar fern von Gott bewahren wir in unserem Wesen und in allen unseren Bewegungen eine Erinnerung an Ihn, von dem wir ausgegangen sind. Wir sind wie diese Fische, die im Aquarium noch immer eine Erinnerung ans Meer bewahren und sich jeden Tag im gleichen Rhythmus wie Ebbe und Flut bewegen, auch wenn sie meilenweit vom Meer entfernt sind." [15]

Meine Zeit am Wasser lässt mich immer auch der Kraft der Steine begegnen. Als Autor der spirituellen Zeitschrift „ferment" habe ich die wunderbaren Photos Jakob Thurs von Steinen und Wasser aus dem Verzascatal in der italienischsprechenden Schweiz meditiert. [16] Zuvor bin ich selber in dieses kleine Tal im Tessin gegangen. Ich bin dort im gegenwärtigen Dialog zwischen Wasser und Steinen der Kraft der Ewigkeit begegnet. Ich sammle gerne Steine, die vom Wasser geformt sind. Durch das Wasser und die Steine kann ich lernen, was wesentlich ist im Leben: Beweglichkeit und Festigkeit. Irmtraud Tarr umschreibt es so: „Steine bleiben, was sie sind, aber sie sind niemals fertig. Der Wunsch nach Freiheit und Treue zu sich selbst sind also keine Gegensätze. Der Stein zeigt uns, was es heißt, das Eigene zu erinnern, keinen Besitz zu verwalten, kein Wissen anzuhäufen. Er ist, was er ist, deswegen kann er sich dem Zuspruch des Wassers, den Stürmen des Lebens und der Kälte des Kosmos aussetzen.

---

[15] Ernesto Cardenal, Das Buch der Liebe. Lateinamerikanische Psalmen, GTB Siebenstern 168, Gütersloh 1977, 30.

[16] ferment 4/2003. Erhältlich bei: ferment, Pallotiner-Verlag, Postfach, CH-9201 Gossau oder Versandbuchhandlung Kath. Bibelwerk, Silberburgstr. 121, D-70176 Stuttgart, www.ferment.ch

Verwundungen, Brüche und Zerstörung haben dichte und nackte Bilder in ihm hinterlassen."[17]

Beim Verweilen und Meditieren am Wasser werde ich ruhig und innerlich beweglich zugleich. Vieles aus meinen Büchern ist am, im und auf dem Wasser inspiriert worden. Beim Verweilen an der Quelle von Fontaine-André erfahre ich, wie der Lebensfluss sich durch nichts aufhalten lässt. Und wenn ich beim Schreiben blockiert bin, so gehe ich aufs Schiff auf den Genfer See und komme dann dank der Weite und Tiefe des Wassers mit neuen Ideen nach Hause.

Dann gehört zum Wasser für mich immer auch die Begegnung mit den Muscheln. Staunend erfahre ich durch sie, wie geheimnisvoll unser Leben und jede echte Begegnung immer bleiben wird. Muscheln erzählen von unergründlichen Seelenlandschaften und ermutigen uns, immer Hörende zu bleiben. Wer eine Muschel an sein Ohr nimmt, der hört die vielfältigen Melodien des Lebens. Sie sind sehr persönlich und verbinden zugleich mit allem. Unser Ohr hat die Form einer Muschel. Spirituelle Menschen versuchen ganz Ohr zu sein, um dem authentischen Leben zu ge-horchen. Von Perlen, die in Muscheln wachsen, kann ich lernen, wie Schmerz verwandelt werden kann: „Perlen sind verwandelter Schmerz. Welch ein Mysterium! Um das Sandkorn in eine Perle zu verwandeln, bedarf es vor allen Dingen der Geduld. Geduldig sein heißt nicht: alles zu dulden und Demütigung hinzunehmen. Im Vertrauen auf die geheimnisvolle Kraft der Verwandlung aber ist die Muschel stark und beharrlich. Sie lässt sich

---

[17] Irmtraud Tarr, Fest wie ein Stein oder sich selbst treu sein, Herder Spektrum 5185, Freiburg i. Br. 2002, 9.

nicht leicht enttäuschen und gibt die Hoffnung niemals auf. Sie wirkt im Stillen, aber mit Entschiedenheit."[18] So kann ich beim aufmerksamen Verweilen am Wasser, am Meer mit den Steinen und den Muscheln erkennen, wie mein Weg in die Tiefe mich weiter, solidarischer und toleranter werden lässt. Und auch mein Durst ist Sinnbild unseres Durstes nach Gerechtigkeit und Ewigkeit.

Die Zeit der Kräuter und Düfte

Mit allen Sinnen den Sinn des Lebens erahnen – sommerliche Tage bewegen dazu.

Ida Bellmann-Zumsteg hat über viereinhalb Jahre im Kräutergarten von Fontaine-André gearbeitet, ganz begeistert berichtet sie:

„Der Kräutergarten ist für mich ein Seelengarten. Es steckt soviel liebevolle Energie und Kreativität darin. Ich wurde zur erdverbundenen Philosophin, indem ich mich hautnah mit der Gartenerde und all ihren verborgenen Schätzen beschäftigen und davon berühren ließ. Es ist ein Verwurzeltsein im Jetzt und in der Vergangenheit, in meiner Lebensgeschichte. Düfte lassen ja Erinnerungen hochkommen. So war Pfefferminz- und Zitronenmelissetee das Getränk meiner Kindheit. Meine Mutter kochte jeden Tag eine große Kanne voll davon. Der Lavendel lässt mich an Großmutters Kleiderschrank denken, und er ist für mich einer der Feriendüfte aus der Provence. Kräuter sind für mich Kinder

[18] Uwe Wolff, Geheimnisvoll wie die Muschel oder Staunen über den inneren Reichtum, Herder Spektrum 5183, Freiburg i. Br. 2002, 74.

des Lichtes. Ihre Farben und Düfte wirken wohltuend auf Herz und Seele. Mir ist es ein Anliegen, jeder Pflanze einen Platz zu geben und ihren Namen dazuzustecken. So können auch Besucher/innen in Kontakt mit ihnen treten.

Was mich so fasziniert an den Kräutern ist ihre Wildheit. Sie wachsen und vermehren sich „eigenwillig", oft durch meterlange, unterirdische „Ausläufer" und natürlich auch durch ihre Samenverbreitung mit oder ohne Wind. Ich ließ sie dort weiterwachsen, wo sie sich hin bewegten, auch Blumensamen und so genanntes Unkraut, was ja oft auch Heilkraut ist. Ich griff erst ein, wenn die einzelnen Pflanzen nicht mehr genügend Zwischen-Raum hatten, um sich zu entfalten. Blumen und Kräuter gehören für mich zusammen. So hat jede Saison ihre eigenen Farben, Düfte und Geräusche.

Im Frühling freue ich mich an den ersten Spitzchen des Schnittlauchs, den ersten Gänseblümchen ... im Sommer ziehen die vielen Düfte Bienen und Schmetterlinge an: Rosmarin, Thymian, Majoran, Oregano, Salbei, Estragon, Malven, Jsop, Baldrian, Johanniskraut, Kamillen, Basilikum und vieles mehr. Ein Fest der Sinne. Dazwischen leuchten Ringelblumen und Korn- und Sonnenblumen ... Im Herbst ist der Koriander reif, dessen Samen ich für Korianderbrot sammelte. Ich lasse alle Samenstände stehen für die Vögel und den filigranen Raureif, der viele Menschen erfreut ... Jedes Jahr im November verabschiede ich mich vom Kräutergarten, danke ihm für sein Dasein und für all die Freude, die er mir und vielen anderen schenkt und ich wünsche ihm einen guten, tiefen Winterschlaf. Ich danke ihm auch für die Hoffnungszeichen wie die Knospen, die schon gebildet werden, wenn die Blätter fallen, und mit den Zugvögeln erinnere ich mich an das Versprechen eines Wiedersehens."

Die tiefsinnigen Worte von Ida wecken meine Lust, auch in meinen Seelengarten hineinzuschauen, hineinzuriechen und hineinzugehen, um der Fülle des Lebens zu begegnen.

Sommer erleben
mich berühren lassen vom Wind
mich wärmen lassen von der Sonne
mich erfrischen lassen vom Wasser
mich erhellen lassen vom Feuer

Sommer erfahren
den Freiraum genießen und auskosten
das gemeinsame Unterwegssein
auch als Chance einer inneren Reise sehen
die mich mir selbst und anderen neu begegnen lässt

Sommer vertiefen
die Leichtigkeit des Seins feiern
aus der eigenen Quelle trinken
die neue Handlungsspielräume eröffnet
um mit allen Sinnen lebendiger zu werden

Sommer verwirklichen
Hohe Zeit des Erntens und Genießens
Hohe Zeit des zärtlichen Zusammenseins –
einfach dasein können
mit ganzer Lebenskraft und Zerbrechlichkeit

Den Sommer durchschreiten

Bei mir selber ankommen

Ich lege mich den ganzen Sommer hindurch ab und zu ganz ausgestreckt auf die Erde und schaue himmelwärts. Ich genieße die Wärme der Sonnenstrahlen und lasse mich streicheln vom Wind, ich nehme die vielen Düfte wahr und erfahre die erholsame Kraft des Nichtstuns. Zwischen Erde und Himmel bin ich segnend da, denn mein Staunen über die faszinierende Schönheit der Schöpfung lässt mich voll achtsamem Mitgefühl respektvoll mit aller Kreatur umgehen:

Dabei erinnere ich mich, welches mein besonderes Element ist – Erde, Wasser, Feuer oder Luft – und wie ich es in diesem Sommertagen intensiver erleben und vertiefen kann.

Während meiner Ferien- und Reisezeit kann ich folgende existenzielle Fragen vertiefen:

- Was ist gewachsen in mir, welche Seiten konnte ich mehr entfalten?
- Welche innere Reise steht noch an, welche Seelenräume möchte ich weiterentdecken?
- Wer oder was hilft mir, damit ich mich leichter dem Lebensfluss anvertrauen kann?
- Was brauche ich wirklich, um mich mit Leib-Geist-Seele erholen zu können?
- Welchen Bewegungsraum brauche ich, damit ich eine gute Distanz zu meiner Arbeit finden kann?
- Welche multikulturellen Begegnungen verstärken mein Vertrauen in ein gemeinsames Haus der Welt?
- Welche schöpfungszentrierten Meditationen erleichtern mir das Loslassen?

- Mit allen Sinnen entfalte ich meine Lebendigkeit und mein Lebens-Spiel.

Freundschaft vertiefen

Im gemeinsamen Reisen und Gestalten des Urlaubs liegt die große Chance, einander besser kennen zu lernen. Darum ist es sinnvoll, die gemeinsame Zeit nicht zu sehr zu verplanen, damit das Spontane mehr Platz erhält. Martin Buber sagt: „Es gibt keine echte Begegnung ohne Zwischenraum." Die Sommerzeit mit ihren langen Abenden und den vielen Möglichkeiten, im Freien zu sein, eröffnet Freiräume, um wichtige Fragen rund um Nähe und Distanz, um Konfliktfähigkeit, um eine gemeinsame Vision, um die Gestaltung der Sexualität, um die verschiedenen Interessen und um ein mögliches Engagement miteinander in aller Ruhe angehen zu können. Sie müssen nicht wie im Alltag an einem Tag zu Ende diskutiert werden. Die Ferienzeit lässt all die Themen ruhen und reifen, damit auch beim gemeinsamen Genießen der Mahlzeiten, beim Wandern und beim Ausruhen wieder auf einmal eine Ernte sichtbar wird. Miteinander in fremden Ländern und Kulturen unterwegs zu sein, lässt offen-sichtlich werden, wo wir einander Heimat schenken können und wie viel Vertrautes und Fremdes in der Beziehung da ist.

Die vielen Symbole der Natur – Wasser, Steine, Muscheln, Kräuter – laden zum gemeinsamen Austausch ein:

- Wann bist du in deinem Element?
- Welcher Stein passt zu dir, ist dein Spiegelbild?

- Wie gehen wir mit Schmerz, Ungeduld und Konflikten um?
- Wie können wir miteinander Kraut und Unkraut wachsen lassen, ohne uns zu sehr voneinander zu entfremden?

Feiern im Familien- und Freundeskreis

Die Vorbereitungen für gemeinsame Ferien sind kraftvolle Lernfelder, um das Gemeinsame in der Verschiedenheit anzunehmen. Wie viel Freiraum im Zusammensein braucht jede und jeder?

Miteinander ermutigen wir einander, uns nicht in Ferienstress zu verlieren, in dem wir wie im Alltag zu schnell leben. Das gemeinsame Spiel, das Verweilen in der Natur, das Reisen will unsere Tagesordnungen durchbrechen und der Kreativität viele Fenster und Türen öffnen.

- Sommerzeit ist die Zeit der Gastfreundschaft, die besonders im gemeinsamen Kochen entfaltet werden kann. Wen laden wir ein, wen besuchen wir? Wir genießen die Zeit beim Essen und Trinken, beim Spielen und Nichtstun.
- Die Ferien- und Urlaubszeit will die festgefahrenen Rollen, die sich in einer Gemeinschaft einschleifen, durcheinander bringen. Es ist spannend, sie zu durchbrechen und miteinander neue Seiten voneinander kennen zu lernen, in dem gut eingespielte Aufgaben neu verteilt werden, damit jede und jeder neue Entfaltungsmöglichkeiten erhält.
- Welches Festival, welcher Film im Openairkino, welche Begegnungen mit Straßenmusikantinnen

und -musikanten wecken in uns die Lust, miteinander im Singen, Musizieren, Basteln, Malen, Theaterspielen kreativ zu sein?

Gesunder Rhythmus im Beruf

Wenn ich im Sommer ein paar Wochen Urlaub habe, dann kann ich durch die Distanz zu meiner Arbeit ein neues Verhältnis zu ihr erfahren. Falls ich vor den Ferien noch vieles abschließen musste, so bin ich nicht überrascht, wenn mein Körper durch seine Müdigkeit vieles nachholen will. Meine Regeneration gelingt nicht nur im Nachschlafen, sondern auch in der Bewegung, die mir ein gutes Gleichgewicht schenken wird. In diesen Entspannungszeiten stellt sich die tiefsinnige Frage nach meinem Selbstwertgefühl: Wer bin ich, wenn ich mich nicht durch Leistung und Arbeit definieren kann?

Falls in meinem Beruf im Sommer Hochsaison ist, dann erinnere ich mich Tag für Tag, dass ein großes, überdurchschnittliches Engagement nicht einfach mit Stress gleichzusetzen ist. Wenn ich weiß, dass es danach wieder ruhiger wird, dann kann ich nun in meinem Element sein. Es wird mir besonders gelingen, wenn ich mir stündlich eine kurzes, tiefes Ein- und Ausatmen gönne und wenn ich darauf achte, was mir gut tut an Bewegung und Ausgleich, um mich der Herausforderung einer Hochsaison im Tourismus oder in der Landwirtschaft stellen zu können.

Bei meiner Rückkehr aus den Ferien achte ich auf meine neu geschöpften Ressourcen, indem ich durch einen guten Rhythmus bewusst Widerstand leiste gegen die sofortige Vereinnahmung vom Beruf. Ich achte darauf, wie ich meine Arbeit beginne und wie ich sie abschließe. Ich nutze ruhigere Zeiten am Arbeitsplatz, um auch strukturelle Energiefresser zu entdecken, die die Kreativität, das Arbeitsklima und die Effizienz vergiften.

Die Ferienrückkehr von Arbeitskolleginnen und -kollegen ist eine willkommene Möglichkeit, um mit einer Blume, einer humorvollen Karte, einer Süßigkeit jene Anerkennung auszudrücken, die wir alle brauchen. Im Fördern einer Anerkennungskultur am Arbeitsplatz liegt auch die Chance, konstruktive Kritik einbringen zu können, damit jede und jeder immer mehr die eigene Kernkompetenz entdecken und entfalten kann.

Engagement als Weltbürger/in

Das Zusammensein im Freien lädt mich ein, dialogische Begegnungen mit den vier Elementen, mit Tieren und Pflanzen zu entfalten, denn es gibt nur eine große Schöpfungsfamilie, in der wir alle aufeinander angewiesen sind. Franz von Assisi eröffnet uns eine neue Weite, wenn er zu Bruder Feuer, Schwester Wasser, Mutter Erde, Freundin Luft spricht.

Die gemeinsamen Reisen laden mich ein, multikulturelle Begegnungen zu wagen, die uns alle toleranter und solidarischer auch im Alltag sein lassen. Dabei ist es wichtig, der zerstörerischen Seite des Tourismus kritisch zu begegnen und Widerstand zu leisen: Ausbeutung der Schöpfung, sexuelle Ausbeutung von Kindern, ungerechte Arbeitsstrukturen sind nur einige Stichworte, die uns zum achtsamen Auswählen von Urlaubszielen verpflichten.

Ferienzeit ist für viele „Kaffeezeit": Ich genieße es, beim Kaffeetrinken viel Zeit zu haben zum Zeitunglesen, zum Dasein, zum Gespräch. Dieser Genuss wird mir nicht genommen, wenn ich mich bewusst informiere, wie der Kaffeepreis immer billiger wird – und dass ich durch die Unterstützung eines fairen Kaffeehandels ganz konkret unsere Welt gerechter werden lassen kann: was mein Genießen des Urlaubs verstärkt. Denn der Kaffee ist nach Erdöl der meistgehandelte Rohstoff der Welt. 25 Millionen Bauernfamilien, zumeist Kleinbauern, verdienen ihr Auskommen damit. Die zurzeit andauernde weltweite Kaffeekrise mit den real tiefsten Preisen seit 100 Jahren hat dramatische Folgen für diese Menschen. Beim Kaufen von „Max-Havelaar-" oder anderen fair gehandelten Produkten unterstütze ich die Kaffeebauern und die Bedeutung von fairem Handel in einer globalisierten Welt. Dies ist nur eines der vielen Beispiele, wie meine Sommerzeit als Weltbürgerin und -bürger sinnstiftend bereichert werden kann.

Gesegnet sei
dein Ausruhen
du bist angenommen
im einfachen Dasein

Gesegnet sei
deine Erholung
deine Müdigkeit
dein Nichtstun

Gesegnet sei
deine Bewegung
in Spiel und Sport
dein Genießen aller Sinne

Gesegnet sei
dein Verweilen
dein Hiersein
dein Umarmtwerden

*

Ich wünsche dir
die Berührung des Wassers
ein Eintauchen in das Meer der Hoffnung
das dich zum Teilen beglückt

Ich wünsche dir
die Berührung der Luft
ein Beflügeltsein zur Weite
das dich zur Toleranz bewegt

Ich wünsche dir
die Berührung der Erde
ein Verwurzeltsein in Beziehungen
das deine Ohnmacht verwandelt

Ich wünsche dir
die Berührung des Feuers
eine leidenschaftliche Kreativität
die mit anderen Kultur fördert

*

Gesegnet sei euer Reisen
eure Offenheit für neue Begegnungen
euer Entdecken fremder Kulturen
euer Beglücktsein über die Schönheit der Kunst

Gesegnet sei eure innere Reise
zu euch selber
zum gegenseitigen Anerkennen und Respektieren
der Lebensstärken und der Verletzlichkeit

Gesegnet sei euer Ernten
von hoffnungsvollen Früchten
die im anspruchsvollen Gestalten eurer Beziehung
wachsen und reifen durften

Gesegnet sei euer Mitwirken
an einer Kultur der Zärtlichkeit
die uns alle erinnert
dass wir mehr sind als unsere Leistung

Gesegnet sei euer Weg
Tag und Nacht

*

III

Herbst in mir

Den Herbst begrüßen

Den Herbst begrüßen in mir
voll Dankbarkeit die reiche Ernte feiern
sich erinnern: das Wachstum liegt nie in unseren
  Händen
weil es geheimnisvoll und unberechenbar bleibt

Den Herbst begrüßen in mir
die heilsame Farbenpracht genießen
die von der Fülle des Lebens erzählt
und zugleich zur Kunst des Sterbens einlädt

Den Herbst begrüßen mit dir
aufmerksam den Blick nach innen richten
gemeinsames Wachsen und Reifen annehmen
damit auch unsere Verschiedenheit sein darf

Den Herbst feiern in Gemeinschaft
Brot und Wein als Ursymbole erkennen
die zur Gastfreundschaft bewegen
und kreative Erntedankfeste feiern

Den Herbst begrüßen in mir
spüren wie Sonne und Nebel zum Leben gehören
intensivstes Leben und Sterben nahe beieinander sind
Dankbarkeit und Wehmut einander ergänzen

Den Herbst feiern
als Zeit, in der wir unsere Endlichkeit annehmen
um jeden Tag noch kostbarer erleben zu können
als Geschenk und Kraft im Augen-blick

Den Herbst begrüßen in mir
voller Faszination und Widersprüchlichkeit
im dankbaren Annehmen meines inneren Wachstums
im Jasagen zu Begrenztheit und Scheitern

Den Herbst meditieren
als staunende Zeit des Erntens
als gelassenheitsstiftende Zeit des Aufräumens
als nährende Zeit des Loslassens

Die Zeit des Erntedankes

Erntedankfeste werden in vielen Kulturen und Religionen gefeiert.[19] Dankbarkeit ist ein großer spiritueller Wert, mit dem wir wahrnehmen, dass alles Ernten wesentlich ein Geschenk ist. Es ist die Frucht unserer Arbeit und Kreativität, die im Herbst voller Lebensfreude gefeiert wird. Wenn jung und alt Obst und Gemüse und ihre ganz eigenen Früchte des Jahres in großer Fülle in die Kirchen tragen, dann verdichtet sich in dieser Symbolik das große dankbare Staunen über die unendliche Großzügigkeit, die wir Jahr für Jahr in der Schöpfung erleben. Glücklich wird, wer immer wieder dieses einfache Wort „DANKE" in einer phantasievollen Vielfalt ausdrücken kann. Die Einmaligkeit eines jeden Tages wird durch die Dankbarkeit gefeiert. Wir verdanken unser Leben all den Beziehungen, all den Menschen, die an unser Wachstum und Reifen glauben. Wir verdanken jede Sekunde unserer Existenz dem Urgrund allen Lebens, Gott selber. Diese tiefe Dankbarkeit konkretisiert sich für mich, wenn ich mir ab und zu bewusst werde, wie viel ich all den Menschen verdanke, die im Hintergrund ihre Arbeit tun, damit ich gut leben kann. Ich habe das Glück, dass ich für mein Schreiben viel Anerkennung und viele Dankesbriefe erhalte. Dieser Dank gehört nie mir allein, und mein Glück verstärkt sich, wenn ich durch eine einfache Postkarte mit wenigen Worten diesen Dank weitergebe an alle, die zum Gelingen beigetragen haben.

---

[19] Vgl. Reinhard Kirste/Herbert Schulze/Udo Tworuschka, Die Feste der Religionen. Ein interreligiöser Kalender mit einer synoptischen Übersicht, GTB Sachbuch 771, Gütersloh 1995.

Im Herbst genieße ich es, an Weinfesten teilzunehmen, um auch meine Lebensfreude mit anderen zu teilen. Wenn ich anderen mit einem Glas Wein zusprechen kann, dass ich ihnen Wohlergehen und Gesundheit wünsche, lächle ich dem Leben zu. Das hebräische Wort „shalom" beinhaltet diese tiefe Zusage wie Gesundheit, Friede, Wohlergehen, Heilsein, Zufriedenheit. Unsere Gesundheit ist nämlich ein kostbares Gut, das wir manchmal viel zu wenig schätzen, weil es uns selbstverständlich erscheint. Unsere Zufriedenheit kann wachsen, wenn wir nicht nur im Herbst, sondern Tag für Tag danken für das Geschenk des Lebens. So wächst eine tiefe innere Kraft, die uns auch in Zeiten der Gebrechlichkeit und Krankheit nicht genommen werden kann.

Erntedank- und Weinfeste wollen unser Herz erfreuen. Das Genießen der Früchte der Erde soll uns stärken für dunklere und kältere Tage. So wie in der Kindergeschichte die Maus Frederick im Sommer Sonnenstrahlen für den Winter sammelt, so brauchen wir diese Feste der Begegnung, damit durch das gemeinsame Lachen, Singen, Austauschen und Tanzen unsere Lebenskraft wachsen kann, um sich mit mehr Rückgrat den lebensbedrohlichen Situationen zu stellen.

Die Kraft des Erntedankes erneuert sich, wenn wir das Gemüse und das Obst wirklich anschauen. Wir entdecken dann wohltuende Urbilder: ein Mandala in der Gurkenscheibe zum Beispiel, das aufzeigt, wie wichtig der Weg zur eigenen Mitte ist. Die Kürbisernte wird zur Meditation: wie viel verschiedenen Farben und Formen begegne ich da! Von gelb-orange und rund bis grüngestreift und länglich oder sogar flaschenförmig. Auch im Innern von Früchten und Gemüse entdecke ich wunderbare Kunstwerke und eine kraftvolle Symbolik, die mich staunen lassen, wenn ich eine Birne oder Zucchini aufschneide. Das Betrachten dieser Gemüsestücke, dieser gewachsenen Kunstwerke haben mich zu folgenden Meditationen inspiriert:

Zucchini

Betrachte deinen Weg nach innen
als Gang durch verschiedene Kernräume

Beharrliche Geduld
brauchst du
um die vielfältigen Seiten
in dir zu integrieren

Auf deiner längsten Reise
deinem Weg in die Mitte
begegnest du auch viel Unausgewogenem
das zu dir gehören darf

Wage dich trotzdem
immer wieder hinein
in deinen inneren Grund des Lebens
der weitet und erfüllt

Einfach sein dürfen
verbunden in der Vielfalt

Lauch

Kreise ziehen
aus dem inneren Licht leben
mich entfalten
im Eingebundensein
in den großen Lebenskreis

Das göttliche Licht
in jedem Menschen entdecken
als Widerstandskraft
die zur konfliktfähigen Versöhnung bewegt

Immer tiefer
in diese Wirklichkeit hineinwachsen
nicht Einzelne/r sein
sondern Teil eines Ganzen
alles und nichts
Leere und Erfülltsein

Zitrone

Lebenssäfte sammeln
Sorge tragen für sie
sich schützen
um innerlich transparent zu bleiben
durchlässig für die göttliche Kraft
die mich belebt und erneuert

Kreise ziehen
das Rad als Symbol der Mitte
das verschiedene Speichen zusammenhält
ohne die Verschiedenheit aufzuheben

Begegnung braucht es
um Identität zu fördern
nicht Ausgrenzung

Identität wächst in Beziehung

Birne

Beckenraum und Kreuzbein
als tragende Elemente wahrnehmen
leer werden
Schale sein
Stil haben
sich ausrichten
eine klare innere Linie
entfalten lassen
die über mich hinausweist
nicht um Sturheit und Überheblichkeit zu fördern
sondern Klarheit und Entschiedenheit
die einen toleranten Dialog ermöglichen

Weite zulassen
mich auf das Ganze des Lebens einlassen
nicht leistungsorientiert leben
sondern fruchtbringend
Wachstum geschehen lassen
an mir und andern [20]

---

[20] Die Früchte-Meditationen sind zuerst erschienen im ferment-Bildband „einfach leben“ 2001/2002 – www.ferment.ch

Zeit zum Wandern

Ich wandere das ganze Jahr sehr gerne, am liebsten aber im Herbst. Beim Wandern werde ich leicht, weil ich mit der Zeit immer weniger denke, sondern nur noch gehe, das Wandern durch Wiesen und Wälder ist im Herbst mit seiner Farbenpracht eine Wohltat für mein ganzes Selbst – Leib-Geist-Seele. Beim Wandern fühle ich mich freier und kann auf einmal singen – oder es entstehen spontane Gebärden, indem ich meine Arme himmelwärts hebe und einfach nur staune und danke.

Wenn schwerwiegende Fragen mich bedrücken, dann gehe ich sie an im Wandern. Denn durch das Gehen bleibe ich nicht fixiert oder gefangen in mir selber – ich erhalte eine größere Weite, die nichts verharmlost, jedoch in einem gute Sinne relativiert. Viele Menschen können sich im vertraulichen Gespräch zu zweit beim Wandern viel besser ausdrücken, weil das immer wieder auch eintretende Schweigen nicht so bedrohlich empfunden wird wie in einem Raum und weil uns durch das Gehen neue Worte unerwartet entgegen kommen. Solche zutiefst spirituellen Erfahrungen der Weggefährtenschaft finden sich schon in vielen biblischen Weggeschichten, genauso wie in vielen anderen Religionen. Das wandernde Gottesvolk, die Weggemeinschaft von Ruth und Noëmi, die Wanderungen Jesu mit seinen Jüngerinnen und Jüngern, die heilende Erfahrung des Unterwegsseins nach Emaus sind für mich keine Geschichten der Vergangenheit. Sie ereignen sich in all den Menschen, die den Weg als Ziel erkennen. Am meisten berührt mich die Weg- und Aufbruchserfahrung von Sara und Abraham aus dem Ersten Testament der Bibel. Sie machen sich auf den

Weg in eine ungewisse Zukunft und trauen dem Wegweiser Gottes in sich, der Verheißung, den Weg zu finden, der sich ihnen immer zeigen wird (Genesis 12). In diesem uralten Text entdecke ich schon ein dynamisches Gottesbild. In solchen Geschichten sehe ich auch: Der Mensch wird nicht am Gängelband gehalten, es wird ihm vielmehr zugemutet, seinen ureigenen Weg in Gemeinschaft zu gehen; und es ist dieses Unterwegssein mit all seinen Höhen und Tiefen, in dem sich das Göttliche ereignet. Diese religiöse Dimension entdecken heute wieder viele Menschen zum Beispiel im Begehen des uralten Jakobusweges nach Santiago de Compostela[21]. Auf diesem Pilgerweg, auf dem schon Tausende von Menschen mit ihrer Sehnsucht, ihren Ängsten und Sorgen, ihrer Hoffnung unterwegs waren, lässt sich eine tiefe Verwurzelung erfahren: weder der Erste noch der Letzte zu sein. Zugleich ist es für jeden und jede ein höchstpersönlicher Weg mit Sonne und Regen, Wärme und Kälte, Aufbruchstimmung und Müdigkeit. Auch beim Wandern in den Bergen und beim Bergsteigen eröffnen sich uns tiefe Lebensweisheiten, in denen wir mühsame und begeisterte Aufstiege, beschwingte und von Anstrengung geprägte Abstiege auch in unserem Leben mit seinem Auf und Ab besser verstehen können. Gipfelerlebnisse sollen nicht fehlen, genauso wenig wie Momente des Beflügeltseins. Doch auf dem Gipfel lässt sich nicht leben!

Ich wandere so leidenschaftlich gerne, weil ich im Gehen zur Ruhe komme. Da höre ich die Stille und schöpfe neue sinnstiftende Kraft. „Berge sind stille

---

[21] Vgl. Peter Müller, Wer aufbricht, kommt auch heim. Vom Unterwegssein auf dem Jakobusweg, Eschbach 1993.

Meister und machen schweigsame Schüler", sagt Johann Wolfgang Goethe[22]. Im Gehen, Schweigen und Staunen werde ich von ihnen geführt zu mir selber, zur tieferen Verbundenheit mit allem.

Die Zeit der Farbenpracht

Beim Wandern im Südtirol wird für mich jeder Schritt, jeder Atemzug, jeder Blick zum Gebet. Die wie von einem genialen Künstler gemalte herbstliche Farbenpracht schenkt mir jeden Herbst viele Stunden des tiefen Glücks. Die Bäume und Sträucher mit ihren grünen, goldgelben, weinroten Farben in allen Schattierungen und Variationen, in ihrer Wechselhaftigkeit und Leuchtkraft verstärken in mir die Vision einer Welt, in der eine Vielfalt von Lebens- und Liebesmelodien ihren Platz hat. Die herbstliche Farbenvielfalt macht mir Lust auf das Zusammensein von Menschen, die die Welt nicht schwarz-weiß, sondern in ihrer Buntheit sehen. Der Herbst ist meine Lieblingsjahreszeit, nicht nur weil ich im Herbst geboren bin, sondern weil ich mich für eine tolerante und zärtliche Welt stark mache. Dazu gehört für mich die Verabschiedung einer Weltanschauung, in der eine Konfession, eine Religion oder ein Staat für sich allein beansprucht, die Wahrheit zu haben. Die Herbstfarben sind für mich nicht nur die Einladung zu einer sinnlichen Lebensfreude, sondern zugleich auch die Verpflichtung, in To-

---

[22] Zit. nach Knut Waldau/Helmut Betz, Berge sind stille Meister. Spirituelle Begleitung beim Weg durchs Gebirge, Kösel, München 2003, 130.

leranz, Achtsamkeit und Mitgefühl mit den vielen Kulturen und Religionen umzugehen. Meine Eltern haben mich gelehrt, dass das Ethos einer Gemeinschaft sich dadurch auszeichnet, wie sie mit den Schwächsten umgeht. Darum brauchen wir ein Weltethos, wie es Hans Küng so beharrlich einfordert, das sich auf jene Goldene Regel der Menschlichkeit beruft, die man in allen großen religiösen und ethischen Traditionen antrifft. So finden wir es bei

- Konfuzius (ca. 551–489 v. Chr.): „Was du selbst nicht wünschst, das tue auch nicht anderen Menschen an" (Gespräche 15,23).
- Rabbi Hillel (60 v. Chr.–10 n. Chr.): „Tue nicht anderen, was du nicht willst, dass sie dir tun" (Sabbat 31a).
- Jesus von Nazaret: „Alles, was ihr wollt, dass euch die Menschen tun, das tut auch ihr ihnen ebenso" (Matthäus 7,12) genauso wie im
- Islam: „Keiner von euch ist ein Gläubiger, solange er nicht seinem Bruder wünscht, was er sich selber wünscht" (40 Hadithe von an-Nawawi 13).
- Buddhismus: „Ein Zustand, der nicht angenehm oder erfreulich für mich ist, soll es auch nicht für ihn sein; und ein Zustand, der nicht angenehm oder erfreulich ist, wie kann ich ihn einem anderen zumuten?" (Samyutta Nikaya V, 353.35–354.2).
- Hinduismus: „Man sollte sich gegenüber anderen nicht in einer Weise benehmen, die für einen selbst unangenehm ist; das ist das der Wesen der Moral" (Mahâbhârata XIII. 114.8).[23]

---

[23] Hans Küng, Weltethos für Weltpolitik und Weltwirtschaft, Piper, München/Zürich 2000, 140.

Die herbstlichen Farben rufen uns alle zur weltweiten Versöhnung auf. Es ist dies eine Versöhnung, die in uns selber beginnt, im Integrieren der vielen hellen und dunklen Seiten. Eine Versöhnung, die sich weltweit noch mehr ereignen muss. Sie ist schon da in den vielen Regenbogen-Fahnen mit den Worten „Friede-Paix-Pace-Peace-Mir-Shalom", die Menschen während des schrecklichen Irakkrieges an ihre Häuser hängten und die viele Schülerinnen und Schüler in ihren spontanen Friedensdemonstrationen mit sich getragen haben. Menschen mit Rückgrat sind auf die Straßen gegangen, um Farbe zu bekennen. Die Friedensbewegung wächst trotz aller Ungerechtigkeiten, damit Minderheiten nicht mehr länger diskriminiert werden. Die Regenbogenfahne ist seit den siebziger Jahren auch für lesbische und schwule Menschen zum internationalen Solidaritätssymbol geworden. Sie ist ein hoffnungsvoller Ausdruck, dass immer mehr Menschen toleranter werden. Es braucht diese Solidarität, denn in mehr als 80 Staaten wird Homosexualität strafrechtlich verfolgt und verschiedene Religionsvertreter veröffentlichen immer noch empörende Dokumente.

Die wunderbare Vielfalt der herbstlichen Farben spricht eine ganz andere Sprache: eine Sprache der Toleranz und des gegenseitigen Respekts.

Die Zeit der kühl-warmen Tage

Manchmal melden sie sich schon Ende August an, die Tage, in denen es am Morgen kühl ist und den Tag hindurch wieder ganz warm werden kann. Jedes Mal, wenn ich diesen Übergang vom Sommer in den Herbst bewusst wahrnehme, dann spüre ich in mir Widerstände. Denn es bedeutet ganz konkret, dass ich nicht mehr so frei, so leicht bekleidet, so sorglos aus dem Haus gehen kann wie in der sommerlichen Hitze. Wenn dann Ende Oktober die Sommerzeit zu Ende ist und es auf einmal schon um sechs Uhr abends dunkel wird, dann erlebe ich diesen Wechsel wie einen Schlag in meine Bauchgegend. Mein Kopf weiß um diese Realität, dies hilft mir allerdings wenig in den Momenten, in denen ich mich wieder mit der zunehmenden Kälte und Dunkelheit anfreunden muss. Ich weiß ja seit Jahren um diesen Wechsel, doch er löst bei mir emotional jedes Mal sehr viel aus. Wenn ich diesen Übergang nicht einfach über mich ergehen lasse, sondern ihn bewusst erlebe und mich in ihn hineinbegebe, dann kann ich innerlich wachsen und reifen. Ich lerne dadurch, dass meine vielen Erkenntnisse auf meinem spirituellen Weg und meine intellektuellen Auseinandersetzungen mit den zentralen Fragen um Leben und Tod, um Gott und die Welt wichtig sind, wenn ich nicht in einer Gefühlsduselei und einer einseitigen Innerlichkeit stecken bleiben will. Das innere, emotional-spirituelle Nachvollziehen ist dadurch noch nicht gegeben. Es will Tag für Tag, Monat für Monat, Jahr für Jahr neu verinnerlicht werden. Die herbstlichen Tage mit ihren kühlen und warmen Stunden sind mir darin Lehrmeister, mich und andere Menschen besser zu verstehen. Diese Stunden zeigen uns, dass jeder Mensch verpflichtet ist, sich um sich und sein Wohlergehen, sein Gleichgewicht und seine Gesundheit zu sorgen. Die zunehmend kühlen Tage sind keine Aufforderung, „cool" zu bleiben im Leben, sondern sie laden ein, die

Zwischentöne ernst zu nehmen und zu kultivieren. Niemand soll unterkühlt-cool durchs Leben gehen, sondern die Vielfalt der Stimmungen annehmen im Unterwegssein. Die intensiven Sonnenstrahlen, die so wundervoll die vielen Farben der Blätter zum Leuchten bringen, sind ein tiefsinninger Aufruf zu einem leidenschaftlichen Leben, einem Leben in *Compassion*, im Mitfühlen. In einem solchen Leben haben kühle und warmherzige Begegnungen ihren Platz.

Zeit der Melancholie

Die Novembertage mit ihrem Nebel, ihrem Regen, ihrem Grau-in-Grau sind für viele Menschen sehr unangenehm. Melancholie, Traurigkeit und depressive Stimmungen dringen mit ihnen ein in unser Leben und nehmen sich Raum. Je mehr unsere Gesellschaft diese verletzlichen Seiten unseres Lebens verdrängt oder bekämpft, um so mehr nimmt die Depression zu. Der Psychologe Carl Gustav Jung soll die Depression mit einer „Dame in Schwarz" verglichen haben. Wenn sie in unserem Leben auftaucht, sollen wir sie zu Tisch einladen und aufmerksam hören, was sie uns zu sagen hat. Die dunklen Stunden gehören zu unserem Leben. Sie lassen uns sensibler, menschlicher und auch spiritueller werden. Ich kenne keine Biografie eines mystischen Menschen, die nicht von schweren Krisen, Verunsicherungen und auch Depressionen erzählt. Auch viele künstlerische Menschen wissen um diese Wirklichkeit. Darum sind die Novembertage – denen wir auch mitten im Sommer begegnen können – nicht eine peinliche Panne, sondern ein Ausdruck unserer Verwundbarkeit, die ein Leben lang zu uns gehören wird, wenn wir menschlich bleiben wollen.

Im ersten Jahrtausend vor Christus wurde in der Körpersäftelehre von der Melancholie als „Schwarzgalligkeit" gesprochen (*melan* = schwarz, *cholos* = Galle). Der Psychiater Daniel Hell schreibt dazu: „Die bildliche Vorstellung einer Schwarzgalligkeit gibt das Leiden treffend wieder. In diesem Zustand ist alles dunkel, ‚schwarz'. Die Zeit ist wie angehalten, ‚zähflüssig wie Galle'. Es ist einem Menschen in diesem dunklen, zähflüssigem Zustand nicht möglich, unbeschwert voranzuschreiten. Der zur Verfügung stehende Lebensraum ist eingeengt, ‚krustig wie eingetrocknete Galle'".[24]

Die herbstlichen Tage, die unsere Sicht vernebeln, lassen uns einen mitfühlenden Umgang mit der Dunkelheit, der Verletzlichkeit, den Behinderungen und Krankheiten in unseren Beziehungen entwickeln. In den eigenen depressiven Verstimmungen wie auch in der Begegnung mit Menschen, die ein Leben lang mit ihren Depressionen leben müssen, sind wir nah an den Grenzerfahrungen unseres Lebens. Wenn wir sie nicht fliehen, sondern achtsam begehen, dann wird sich uns eine neue, feinfühligere Lebens-ansicht eröffnen. Intensivstes Leben in Fülle erwartet uns nur, wenn wir uns verabschieden von der Vorstellung, sofort eine Lösung anbieten zu müssen. „Ich kann nicht wollen" ist für mich die eindrücklichste Umschreibung von Depression. Da prallen unsere gut gemeinten Appelle und Ratschläge ab. Da zählt „nur" das gemeinsame Wandern durch den Nebel, das einfühlsame Aushalten der

---

[24] Daniel Hell, Die Sprache der Seele verstehen. Die Wüstenväter als Therapeuten, Herder Spektrum 5191, Freiburg i. Br. 2002, 112.

Ohnmacht und die wunderbare Erfahrung, wie gerade dadurch unsere Lebensqualität wächst und wie unsere Beziehungen durch das aufmerksame Gehen dieser Gratwanderung uns in der Tiefe verbinden. Im Annehmen – nicht im Bekämpfen – der depressiven Gefühle werden wir menschlicher. Der bekannte Schweizer Radiomoderator Ruedi Josuran erzählt davon: „Die wahrscheinlich wichtigste und befreiendste Erkenntnis und der erste Schritt zur Heilung war das Einsehen und Anerkennen, es ist ein Teil von mir, ein Teil, der vermutlich immer wieder kommen wird, und ich brauche Hilfe."[25]

Auch die Verinnerlichung des Rhythmus' der Jahreszeiten ist eine der vielen Hilfen.

Zeit zum Aufräumen

Im Herbst wird im Garten gründlich aufgeräumt. Alles was übrig bleibt an Verdorrtem, wird gesammelt und verbrannt. Ich liebe die herbstlichen Feuer in den Gärten. Sie verbrennen das Alte und sind schon ausgerichtet auf das Neue. Auch die leeren Gartenbeete tun mir gut: diese Kraft der Brachzeit, diese Kraft der Leere, dieses Ausruhen-Können.

Einmal pro Jahr räume ich meine Ordner und meine Hängeregister und schaffe wieder Raum für neue Blätter. Dieses äußere Aufräumen hat auf mich jedes Mal eine große innere Wirkung. Denn der Mensch lebt nicht nur von innen nach außen, sondern auch von au-

---

[25] Ruedi Josuran/Verena Hoehne/Daniel Hell, Mittendrin und nicht dabei. Mit Depressionen leben lernen, Haffmans Sachbuch 1999, 111.

ßen nach innen. Bei den Briefen und Büchern spüre ich diese Lebensweisheit am stärksten.

Ich sammle wichtige Briefe, die mich tief berühren, und lege sie in eine spezielle Schublade, damit ich sie irgendwann einmal wieder lesen kann. Irgendwann ist diese Schublade voll und ich entdecke, dass ich nur wenige Briefe wieder gelesen habe. Was tun mit ihnen? Sie sind doch so wichtig! Doch wenn es hunderte sind? Da ich sie niemals in den Papierkorb legen könnte, verbrenne ich sie. Diese äußere Handlung wird für mich zu einem tiefen inneren Erlebnis des Loslassens.

Wer mich kennt, weiß, wie leidenschaftlich gerne ich Bücher lese. Bei jedem Umzug wird mir bewusst, wie schwer sie sind und ich frage mich lange, ob ich sie alle wieder mitnehmen will.

Dabei wird mir bewusst, dass ich einen großen Teil der Bücher während Jahren nie mehr angerührt habe. Weil ich Bücher nicht verbrennen und sie auch nicht zum Altpapier legen kann, sortiere ich sie und gebe jene an Studierende in Universitäten oder Hochschulen weiter, die ich lange Zeit nicht mehr angerührt habe.

Dieses äußere Aufräumen, Sortieren, Abwägen tut einerseits weh, zugleich setzt es aber innere Kräfte frei. Am intensivsten habe ich das Verbrennen all meiner Vorlesungsnotizen erlebt. Fünfzehn Jahre nach meinem Studienabschluss hatte ich die rund hundert Ordner immer noch aufbewahrt, um etwas Wichtiges nachlesen zu können. Da ich sie all die Jahre nicht mehr gebraucht habe, entschloss ich mich im letzten Herbst, sie zu verbrennen. Ohne die Unterstützung eines Freundes, der bereit war, genau dasselbe zu tun, hätte ich es kaum geschafft. So entstand ein riesiges Feuer.

Anfangs spürte ich Wehmut und auch Zweifel, es ob

wohl richtig sei. Mit der Zeit spürte ich mit Leib, Geist und Seele, wie ich leichter wurde. Das Alte dem Feuer zu überlassen, ließ mich ein inneres Aufgerichtetsein erfahren, ein Freiwerden für Neues. Seit dieser Erfahrung ermutige ich andere Menschen noch mehr zum regelmäßigen Aufräumen und Ordnen, zum Loslassen von vertrauten Sachen, die wir nicht mehr festhalten müssen, weil sie in uns in der Tiefe bleiben. Beim Auflösen der Wohnung unserer verstorbenen Eltern ist mir die besondere Kraft des Aufräumens bewusst geworden. Es ist ein entscheidender Teil in einem Trauerprozess. Nie hätte ich gedacht, dass er so schmerzvoll ist.

Ich sehe uns vier Geschwister in der leeren Wohnung, wie wenn es gestern gewesen wäre. Immer wieder wehrte sich jemand anders von uns, wenn es um das Weggeben all der vielen wertvollen Erinnerungen an unsere Eltern ging. Jede und jeder von uns nahm etwas Wichtiges mit. Ich habe zum Beispiel bis heute einen Teppich, den meine Mutter von Hand geknüpft hat, und auf meinem Schreibtisch liegt vor mir die „Tintenlöscher-Schaukel" mit der mein Vater seine mit Füllfeder geschriebenen Briefe trocknete.

Doch was tun wir mit all den vielen anderen Sachen? „Nein, das können wir unmöglich weggeben!", sagte je nach emotionalem Bezug einer oder eine von uns. Wir hielten einen Moment die Luft an, und dann kam regelmäßig die ernüchternde Frage: „Möchtest du es?" Niemand wollte es weggeben und niemand wollte es mitnehmen, weil kein Platz vorhanden war. Ein solches Aufräumen zeigte uns offensichtlich, dass wir nicht in der Vergangenheit leben können und vieles nicht mitnehmen können und auch nicht müssen, weil das Wesentliche in uns weiterlebt.

Die Zeit der Bäume

Es war das jahrelange Meditieren der Bäume in den verschiedenen Jahreszeiten, das mir den Grundimpuls für dieses Buch gegeben hat. Bäume sind meine Gesprächspartner und meine spirituellen Lehrmeister geworden. Dieses „Leben in wachsenden Ringen", wie es der Dichter Rainer Maria Rilke nennt, hat mir einen befreienden Zugang zum zyklischen Reifen eröffnet. Wenn ich ganz unerwartet an alten Verwundungen leide und wenn meine zentralen Lebensfragen sich in immer neuen Varianten wieder melden, dann kann ich mir im ersten Moment mit einer unglaublichen Härte und Strenge begegnen. Destruktive Stimmen in mir melden sich schlag-artig zu Wort. Sie erschlagen mich mit Sätzen wie „Nicht schon wieder, was soll dieses Theater?!" oder „Wann fällt bei dir endlich der Groschen – du kannst doch nicht so doof sein!"

Nie würde ich einem Baum mit solch lebensverachtenden Fragen begegnen. Nie würde ich den Bäumen im Herbst sagen, sie sollen in diesem Jahr „das letztjährige Theater des Blätterverlierens" bitte nicht schon wieder aufführen. Denn dieser jährliche Prozess lässt die Bäume immer tiefere Wurzeln finden, die dank der Kraft der Wiederholung Tiefgang ermöglichen, um in den Stürmen des Lebens bestehen zu können. Im Gespräch mit den Bäumen[26] kann ich wesentliche Lebensgrundwerte entdecken wie die Verwurzelung, den Umgang mit „Verknorztem", das Loslassen und die

---

[26] Vgl. ferment 3/2002: Baumzeichen. Meditative Texte von Pierre Stutz.

Ausrichtung zum Licht, wie Ulrich Schaffer es hervorhebt:

„Jeder Baum streckt sich nach Licht aus. Es reicht, das zu wissen, um mich an Grundlegendes zu erinnern. Ich strecke mich nach vielem aus, was nicht nötig ist. Manches davon verbaut mir das Leben. Es ist Ballast, auch wenn es sich gut anfühlt, schön aussieht oder wertvoll klingt. Es ist Gewicht, unter dem ich manchmal sogar krumm gehe und es nicht merke. Licht dagegen ist für den Baum nötig. Er braucht es für die Fotosynthese, in der er das Wunder der Verwandlung vollbringt. Mit Hilfe des Lichts wird aus Kohlendioxyd Sauerstoff, und für den Baum bleibt Zucker übrig. Auch ich kann nur mit Licht verwandeln, mich selbst und die Umstände meines Lebens."[27]

Auch wenn das Waldsterben im Moment leider zu wenig als ökologisches Problem gesehen wird, so zeigt sich im Dialog mit den Bäumen, wie sehr wir Menschen auf sie angewiesen sind. Die Bäume lehren uns einen einfachen Lebensstil, in dem Selbstentfaltung und Solidarität keine Gegensätze sind. Bäume stehen fest zu ihrer Einmaligkeit. Diese Kraft lässt viele Menschen in ihrem Schatten ausruhen. Auch für Hermann Hesse sind Bäume „Heiligtümer. Wer mit ihnen zu sprechen, wer ihnen zuzuhören weiß, der erfährt die Wahrheit … Ein Baum spricht: Mein Amt ist es, im ausgeprägten Einmaligen das Ewige zu gestalten und zu zeigen."[28]

Darum sind auch die Bäume mein Gebet.

---

[27] Ulrich Schaffer, Verwurzelt wie ein Baum oder Wachsen ins Leben, Herder Spektrum 5184, Freiburg i. Br. 2002, 110.
[28] Zit.n. ebda, 5.

Die Zeit des Loslassens

Alle spirituellen Wege lehren uns die Kunst des Loslassens.

Das Abschiednehmen und Loslassen, das Einüben des Sterbens begleitet uns alle Tage unseres Lebens. Wir klammern uns an das Leben und suchen Halt, Sicherheit und Geborgenheit. Diese wichtigen und nötigen Grundwerte werden wir aber nie endgültig haben können. Paradoxerweise erfahren wir sie erst wirklich, wenn wir uns immer wieder lösen können. Kinder werden nur sie selber, wenn sie sich von ihren Eltern lösen können. Partnerschaft gelingt, wenn ein Freiraum zur Selbstentfaltung bleibt. Menschenrechte verwirklichen sich nur in freien, demokratischen Prozessen. Die Habenmentalität gehört zu unserer menschlichen Existenz, doch in uns lebt auch unwiderruflich die große Sehnsucht nach dem Sein. Das Bedürfnis, einfach sein zu dürfen, nimmt gerade in unserem materiellen Überfluss zu. Durch die Industrialisierung ist uns das natürliche Eingebundensein in die Schöpfung mit ihrem Rhythmus des Werdens und Sterbens zunehmend abhanden gekommen. Dies führt zu einer grenzenlosen Maßlosigkeit, die immer mehr Menschen krank werden lässt und zu gefährlichen Grenzüberschreitungen führt. Wir brauchen eine neue Kultur des Loslassens ohne leibfeindliche Züge. Wer loslässt, dem eröffnet sich ein neuer Freiraum. Intensives Angerührtsein, Kreativität und neue ganzheitliche Lernprozesse sind ohne die Gabe des Lassens nicht möglich. Meine Beziehung zu mir selber, zu den anderen, zur Mitwelt und auch zu Gott kann nur lebendig bleiben und sich erneuern, wenn ich nicht festhalte an gemachten Erfahrungen, sondern offen bleibe für die Überraschungen des Lebens. Die Natur lehrt uns, dass durch das Loslassen neue Kräfte freigesetzt werden. Wirklich loslassen kann ich nur, wenn ich mich zuerst einlasse auf das Leben mit seinem Lachen und Weinen, seinen Sorgen und seiner Lust, seiner Schönheit und Zerbrechlichkeit. Freude und Trauer: Beides bewohnt uns, solange wir lebendig bleiben und wachsen und reifen. Khalil Gibrans „Prophet" spricht davon: „Manche von euch sagen: ‚Freude ist größer als Trauer', und andere sagen: ‚Nein, Trauer ist größer als Freude.' Aber ich sage euch, dass beide nicht zu trennen sind. Sie treten zusammen auf, und wenn eine an eurem Tisch sitzt, so liegt die andere schlafend in eurem Bett." [29]

Freude und Trauer begegnen uns vielfältig. Jeden Abend versuche ich, beides loszulassen, das Schöne und Lustvolle und das Mühsame und Belastende.

Im Abschiednehmen können wir konkret das Loslassen einüben. Wir sind traurig und erahnen manchmal, welche Wachstumschancen sich durch einen Abschied auftun. Dann sprechen wir von einem lachenden und weinenden Auge. Unsere Seele braucht Abschiedsrituale, in denen in aller Ehrlichkeit das Kraftvolle und Verletzende nochmals hervorgeholt werden kann, damit es dann sein gelassen wird. Abschiednehmen heißt sterben lernen und neues Leben erahnen. Die Psychotherapeutin Elisabeth Lukas sieht im Abschied und der notwendigen Trauer die Kraft, „in den nächsten Lebensabschnitt hineinzuleben und sich dessen noch un-

[29] Khalil Gibran, Der Prophet. Neu übertragen von Ulrich Schaffer, Herder Spektrum 5089, Freibrug i. Br. 2002, 40.

geahnten Werten zu öffnen"[30]. Der Herbst bestärkt uns in diesem Urvertrauen.

Die Zeit des Sterbens

Die stürmischen Herbstwinde zeigen mir, wie zerbrechlich und verletzlich unser Leben ist. Lebensstürme bleiben uns nicht erspart, in denen wir verunsichert werden und unsere Lebenskonzepte, unsere Pläne und Vorstellungen und Perspektiven wie durch ein Erdbeben erschüttert werden können. Ich sehe darin die Konfrontation mit unserer Endlichkeit, unserem Sterben und unserem eigenen Tod. Die Novemberzeit ermöglicht uns mit ihren vielfältigen Bräuchen auf den Friedhöfen ein Anfreunden mit unserem Sterben.

Spirituelle Menschen lernen immer mehr, ja zu sagen zu ihrer Endlichkeit, damit sie in einer größeren inneren Freiheit voller Visionen sich für eine menschlichere Welt einsetzen können. Je mehr der Tod in unserem Zusammensein tabuisiert wird, umso mehr verkümmern wir. Angesichts des Todes ereignet sich intensivstes Leben. Wir können einander helfen, menschenwürdig zu sterben. Ich habe keine Angst vor dem Tod, obwohl ich mehr denn je leidenschaftlich gerne lebe. Ich habe vielmehr Angst davor, dass mich Apparate nicht sterben lassen. Darum versuche ich Tag für Tag in die Hoffnung hineinzuwachsen, im Sterben in Gott hineingeboren zu werden. Ein Geburtsprozess vollzieht sich nicht ohne Schmerzen – zugleich eröff-

---

[30] Elisabeth Lukas, Für dich. Heilende Geschichten der Liebe, Kösel, München 2003, 48.

net er ungeahntes neues Leben. So lerne ich all-täglich, das Sterben in meinen kleinen Enttäuschungen und durch-kreuzten Hoffnungen anzunehmen, damit dadurch in mir jene Vertrauenskraft wächst, die ja sagen kann zum Sterben. Der regelmäßige Gang über einen Friedhof konfrontiert mich mit meinem eigenen Sterben. Ich stelle mir dann ganz konkret vor, dass ich irgendwann begraben werde. Manchmal breitet sich bei diesem Gedanken ein Gefühl des Aufgehobenseins, des Ankommens aus, und manchmal sträubt sich in mir alles, weil ich ja noch so viel erleben möchte. Wie immer all diese auch widersprüchlichen Gefühle sein können, ich erlebe in der Auseinandersetzung mit dem Sterben, dem Tod und dem Trauern eine große Lebensintensität. Darum sind Klagen und Trauern für mich entscheidende Themen auf einem spirituellen Weg. Ich habe in meinem Buch „Engel des Trostes wünsch ich Dir" fünfzehn Briefe an Trauernde veröffentlicht, in denen ich ermutige, einander im Trauern, Klagen und Sterben zu unterstützen. Denn an der Schwelle zwischen Leben und Tod können wir erfahren, dass es in vielen Situationen des Lebens keine Patentrezepte gibt. Weil für viele Menschen dieses scheinbare Nichtstun-Können unerträglich ist, tun sie leider nicht einmal das, was so heilsam wäre, nämlich ohne Worte einfach mitfühlend da zu sein. Die herbstlichen Tage bieten sich uns an, um dieses Geheimnis des Lebens, Werdens und Sterbens verinnerlichen zu können. In dieser Jahreszeit stirbt vieles ab; und es zeigt sich darin schon das neue Leben.

Die Zeit der inneren Ernte

„Der Herbst ist ein zweiter Frühling, wo jedes Blatt zur Blüte wird", schreibt der französische Schriftsteller Albert Camus. Diese Worte sind für mich eine Bestärkung, im Herbst nach innen zu schauen, um Blatt für Blatt, Seite um Seite meines inneren Wachstums zu sehen. Ich meine damit, dass ich Anerkennung nicht nur von den anderen erwarte, sondern mir selber zusprechen kann, dass ich wahrnehme und mich freuen kann an dem, was reifen konnte, was aufblühen konnte, was sich in mir entfalten konnte. Ein herbstliches Blatt mit all seinen Farben kann mir helfen, meine Zufriedenheit mit mir selber zu vertiefen:

Eine Zufriedenheit, die dankbar all das Fruchtbringende sieht und genießt.

Eine Zufriedenheit, die bleibt angesichts der faulen Früchte auf dem Kompost: Die Natur ist überschwänglich, manche Frucht bleibt unbeachtet.

Eine Zufriedenheit, die die innere Kräfteschulung fördert und nicht auf die Mängel fixiert bleibt.

Eine Zufriedenheit, die wächst im Annehmen der vielfältigen Farben und im Annehmen der Vergänglichkeit.

Eine Zufriedenheit, die Kreise zieht im Mitteilen dieser inneren Ernte. Sie befreit auch andere, ihre Stärken und Gaben nicht länger zu verstecken.

Wer diese innere Ernte regelmäßig wahrnimmt und fördert, der begibt sich auf einen lebensbejahenden Weg, auf dem Kraut und Unkraut sein dürfen. Beim Ernten begegne ich dem, was sich entfalten konnte und dem, was behindert blieb in seinem Wachstum. Inneres Ernten bewegt sich in dieser Polarität, damit ich gut mit mir selber umgehe und mich nicht zu sehr von anderen beeindrucken und beschneiden lasse. Der Begründer der Logotherapie, der Psychologe Viktor Frankl, hatte die Gabe, in kurzen Sätzen tiefe Lebensgrundhaltungen zu verdichten. Zwei seiner Sätze (deren Quelle mir unbekannt ist) begleiten mich seit vielen Jahren, besonders auf meinem Weg der inneren Ernte:

> „Ich muss mir ja von mir selbst nicht alles gefallen lassen", und:
> „Wer mich ärgert, das entscheide immer noch ich".

Beim dankbaren Ernten setze ich liebevoll-bestimmt meinen destruktiven Seiten eine Grenze, damit ich mir selber all das Gelungene nicht zerstören lasse.

Beim dankbaren Ernten finde ich mich zurecht in meinem eigenen Haus und ich lasse mich nicht beirren von den vielfältigen Kommentaren der anderen, in denen auch Neid sein kann.

Herbst erleben
im alltäglichen Aussprechen von Dank
für all die wohltuenden Dienstleistungen
mitgestalten an einer farbigeren Welt

Herbst erfahren
die Intensität des Lebens angesichts des Sterbens
die zur Wertschätzung des Lebens führt
und zum Genießen des Augenblicks

Herbst vertiefen
in vielfältigen Lebensfarben
hineinwachsen in das Urvertrauen
das ein Ja zur Endlichkeit reifen lässt

Herbst verwirklichen
Brot und Wein in die Mitte stellen
zusammen mit vielen anderen Früchten
die erzählen vom göttlichen Segen für alle

Den Herbst durchschreiten

Bei mir selber ankommen

Herbstzeit ist Erntezeit: Mein Selbstwertgefühl kann wachsen und reifen, weil ich erahne, dass ich dadurch über mich selber hinauswachsen kann.

Die Herbstzeit trägt die Chance in sich, meine Endlichkeit und Vergänglichkeit anzunehmen, weil das Wesentliche nie verloren geht.

Folgende Rituale können mir helfen, diese Lebensaspekte zu vertiefen:

- Ich male mir aus, was ich in diesem Jahr ernten kann. Ich setze mich mit dem Malkasten vor ein großes weißes Blatt und ich drücke mit den vielen Farben meine Lebendigkeit aus. Einige Schlüsselworte schreibe ich in die Farbflächen hinein, um so auch anderen meine reiche Ernte mitteilen können. Woche für Woche ergänze ich mein Herbstblatt, damit es zur ganzen Fülle kommen kann.
- Ich bin immer ein Teil eines Ganzen. Meine Zufriedenheit mit mir selber verstärkt die Friedenskraft auf der ganzen Welt. Im Anschauen meiner Früchte und im Annehmen dessen, was mein Wachstum behindert, gestalte ich mit an einer menschlicheren Welt, in der all Menschen mit ihren Früchten – und mit ihrem „Mist" leben können. Denn auch mein Mist setzt neue Wachstumskräfte frei.
- Ja sagen können zur eigenen Endlichkeit kann durch folgende Lebensfragen gefördert werden:
  Was würde ich tun, wenn der heutige Tag mein letzter wäre?

Wie sieht meine Todesanzeige aus? Wie kann da zum Ausdruck kommen, was für mich wesentlich war im Leben?

Freundschaft vertiefen

Die Kraft der Freundschaft kann wachsen und reifen, wenn wir miteinander ernten können und wenn wir zugleich das gegenseitige Loslassen einüben. Bei allem wissen wir: Wir sind nicht füreinander zu haben, sondern haben immer Anteil an Werden und Sterben.

Folgende Impulse regen zur gemeinsamen Ernte an:

- Welche Farbe entspricht mir selber, meiner Partnerin/meinem Partner, und welche Farbe symbolisiert die Kraft in unserer Beziehung?
- Wie sehen die Früchte unseres gemeinsamen Weges aus: Wie können wir die Ernte miteinander feiern? Welches Wachstum überrascht mich/uns am meisten auf unserem gemeinsamen Weg?
- Wie sehen unsere wunden Punkte aus, an denen wir uns immer wieder reiben? Was könnte uns dabei helfen, einander in der Verschiedenheit in einem guten Sinne zu lassen?
- Welche gemeinsamen Perspektiven oder Wünsche konnten wir nicht umsetzen? Wo haben wir uns überfordert? Welche Erwartungen sind gestorben?

Feiern im Familien- und Freundeskreis

- Wir feiern in unserem Garten oder in unserer Wohnung oder auf einer gemeinsamen Herbstwanderung unser Erntedankfest. Jede und jeder nimmt ihre Lieblingsfrüchte mit. Wir zeigen sie einander und sagen, wofür wir danken möchten.

- Wir besuchen miteinander einen Friedhof und schauen aufmerksam die verschiedenen Gräber an. Danach wählt jede und jeder den Grabstein aus, der ihn oder sie am meisten anspricht. Wir zeigen einander die „persönlichen" Gräber und teilen einander mit, was uns berührt an diesem Grab.
- Wir räumen miteinander den Keller, den Dachboden oder den Garten auf. Jede und jeder überlegt sich, wo er oder sie Unterstützung gebrauchen kann, um persönliche Sachen zu ordnen, aufzuräumen oder sogar zu verbrennen.
- Zu einer gemeinsamen Wanderung nimmt jede und jeder ein Herbstgedicht mit. In den Pausen lesen wir jeweils unsere Lieblingsgedichte vor. Dann gehen wir einige Minuten schweigend weiter. Nach einiger Zeit erzählen wir einander, was uns angesprochen hat in diesem Gedicht oder wo wir Widerstände gespürt haben.

Gesunder Rhythmus im Beruf

Ich nehme mir bewusst Zeit für eine Standortbestimmung, in der ich mein Augenmerk auf die Gestaltung meines Arbeitsplatzes richte:

Welches Symbol kann mich unterstützen im achtsamen Einüben eines gesunden Rhythmus?

Wie gestalte ich meine Pausen?

Wie kann ich meine Kolleginnen und Kollegen zu einer engagierten Gelassenheit motivieren, die den

Raum schafft für effizient-kreatives Arbeiten und für Zeiten der Erholung und des Regenerierens?

Welche Prioritäten zur Verbesserung des Arbeitsklimas setzen wir? Wie können wir eine Kultur der Dankbarkeit entwickeln, in der allen Mitarbeitenden Anerkennung ausgedrückt wird, besonders auch jenen, die im Hintergrund arbeiten, die zum Beispiel die Räume nachts oder frühmorgens reinigen?

Wie gehen wir mit kranken oder behinderten Mitarbeitern und Mitarbeiterinnen um? Diese Standortbestimmung verstärkt auch meine Achtsamkeit im Hinblick auf subtile Formen des Mobbings. Wie kann ich Farbe bekennen und mich auf die Seite von Schwächeren stellen?

Engagement als Weltbürger/in

Die Erntezeit stärkt unser Bewusstsein, dass genügend Nahrungsmittel für alle Menschen da sind. Ich unterstütze entwicklungspolitische Organisationen und Parteien, die sich für eine gerechtere Verteilung unserer Ressourcen einsetzen.

Ich engagiere mich für eine Gesellschaft, in der Klage und Träume Räume haben: damit das Sterben und der Tod nicht noch stärker tabuisiert werden.

Ich besuche kranke und sterbende Menschen. Dabei stärke ich mein Vertrauen, dass mein Dasein genügt und ich durch mitfühlende Begegnungen an einer zärtlicheren Welt mitgestalte.

Wenn meine berufliche Ernte groß ist, dann setze ich einen Teil meiner Einkünfte für eine Patenschaft und/ oder ein Solidaritätsprojekt ein. Mein Glück wird sich verdoppeln.

Wenn meine Ernte karg ist und ich um die Zukunft bange, dann suche ich mir Verbündete, damit diese Not nicht tabuisiert wird und ich lerne, Hilfe anzunehmen.

Ich wünsche dir
einen wohlwollenden Umgang
mit dir selber in deinem Berufsalltag
ein regelmäßiges Innehalten
ein wohltuendes Aufatmen

Ich wünsche dir
die Gabe der Dankbarkeit
in dem du dein Augenmerk
auf all das richtest
was dir gelungen ist

Ich wünsche dir
das Genießen der vielen Herbstfarben
die dein Vertrauen stärken
im Eingebundensein in Schöpfung und Kosmos
das zum dankbaren Staunen einlädt

Ich wünsche dir
die Kunst des Loslassens
die deine Hände befreit von vielem
damit deine Beziehungen erneuert werden
zur Stärkung der Solidarität auf unserer Welt

*

Gesegnet sei
dein Genießen der Fülle des Lebens
damit du immer mehr Ja sagen kannst
zu deinen Grenzen und deiner Endlichkeit

Gesegnet sei
deine Verletzlichkeit und deine Zerbrechlichkeit
damit du ein einfühlsamer Mensch bleibst
der auch in dunklen Stunden Hoffnungsfunken erahnt

Gesegnet sei
deine Annahme von Gegensätzen in dir
damit du toleranter wirst
und die Angst vor dem Fremden verlierst

Gesegnet sei
dein Klagen und Weinen
damit dein Mitgefühl Kreise ziehen kann
und echten Trost spendet

*

Gesegnet sei
euer Wandern
durch Täler und Höhen
durch Wiesen und Wälder
durch Schluchten und Irrwege

Gesegnet sei
euer Ringen nach Sinn
im Aushalten von dunkeln Stunden
der Verzweiflung und der Empörung

Gesegnet sei
euer dankbares Ernten
von Früchten der Achtsamkeit
die zu einer bewussteren Lebensgestaltung bewegen

Gesegnet sei
euer Gestalten von Zwischen-Räumen
damit echte Begegnungen gefördert werden
die zur Tiefe des Lebens führen

*

IV

Winter in mir

Den Winter begrüßen in mir

Den Winter begrüßen in mir
mir endlich Brachzeit zugestehen
in der äußerlich alles still steht
und innerlich soviel wachsen und reifen kann

Den Winter begrüßen in mir
die mit Schnee bedeckte Landschaft
als Ermutigung zur Langsamkeit sehen
in die Ruhe und Schweigen eintreten kann

Den Winter feiern mit dir
in Zeiten der Kälte und der Dunkelheit
einander Wärme und Geborgenheit schenken
in zärtlicher Zuwendung und wohltuendem Austausch

Den Winter feiern in Gemeinschaft
Kerzen und Friedensfackeln entzünden
kraftvolle Räume schaffen
für unsere Sehnsucht nach Solidarität

Den Winter begrüßen in mir
wie die Natur meine Kraft zurücknehmen
in der Energie des einfachen Daseins
höchste innere Aktivität erahnen

Den Winter feiern mit Leib und Seele
Erstarrtes in mir wahrnehmen
erkaltete Beziehungen behutsam auftauen lassen
eine Konfliktkultur gestalten

Den Winter begrüßen mit dir
den Schnee genießen
der Dunkelheit mehr trauen
die Wärme des Feuers erfahren

Den Winter begrüßen in mir
als schweigenden Seelengrund
in dem das Göttliche sich gebiert
in meinem Selbstwerdungsprozess

Den Winter meditieren
aktives Warten kultivieren
bei mir selber zu Hause sein
um suchenden Menschen Beheimatung zu schenken

Die Zeit der Langsamkeit

Wenn in der Nacht der erste Schnee fällt und ich ihn am Morgen beim Erwachen entdecke, dann werde ich sofort hineingenommen in diese große Ruhe, die die Schneedecke ausstrahlt. Alles wird mit einem weißen Tuch zugedeckt, wie bei einem Festessen! Die sanfte, freundliche Ruhe der Schneedecke weckt in uns Menschen unser Bedürfnis danach, einfach sein zu dürfen, nach Langsamkeit, nach dem Feiern des Lebens. Eine geheimnisvolle Stimmung breitet sich aus, die uns daran erinnert, dass wir viel mehr sind als unsere Leistung und all unser Arbeiten. Wenn es heftig schneit und stürmt, dann steht sogar der Verkehr auf der Straße still. Unsere gewohnte Tagesordnung wird unterbrochen. Unsere Pläne und unsere Hektik werden durchbrochen. Wir tun uns schwer damit, weil wir bewusst oder unbewusst erahnen, dass nicht alles machbar ist und uns deutlich wird, dass unser persönliches und soziales Leben mehr denn je solche Zwischenzeiten, solche Unterbrechungen braucht, wenn wir die ganze Fülle des Lebens erfahren wollen. Wir brauchen eine neue Kultur der Langsamkeit, damit wir kreativer und dabei sogar auch effizienter sein und arbeiten können. Es fehlt uns in allen unseren Lebensvollzügen ein Ausgleich zum Ruhigwerden und Langsamsein, wie es uns der Winter Jahr für Jahr nahe legen will. In unseren Arbeitsprozessen schleicht sich ganz subtil eine neue Form von Sklaverei ein: wenn wir uns dem pausenlosen Tempo unterordnen, wenn wir unsere Seele verkaufen an die menschenfeindlichen Götzen des ununterbrochenen Fortschritts und das Diktat der Schnelligkeit, von dem immer mehr Menschen krank werden. Der Winter führt uns zur spirituellen Dimension der Langsamkeit, zu einem einfacheren Lebensstil, zu einer menschlicheren Arbeitsatmosphäre. Spiritualität fördert nie nur einen ganz persönlichen Weg, sie nährt einen zutiefst solidarischen Weg des Widerstandes für mehr Lebensqualität: für alle Menschen.

Langsam werden: aufatmen, sein dürfen vor aller Leistung.
Langsam werden: die vielen kraftvollen und mühsamen Erfahrungen sich setzen lassen.
Langsam werden: Schritt für Schritt mein Leben durchschreiten.
Langsam werden: einfühlsamer mit kranken und behinderten Menschen umgehen können.
Langsam werden: die Wunder der Schöpfung genießen können.

Die Zeit der Kälte

Ein Spaziergang durch eine kalte Schneelandschaft ist ein besonderes Erlebnis. Unser Atem wird durch die Kälte sichtbar und wir können spüren, wie Gott atmet in allem, was lebt. Das Gehen in der Kälte regeneriert, und wie so oft im Leben merken wir erst im Nachhinein, wie wohltuend auch eine Anstrengung sein kann. Zuhause angekommen, nehmen wir die Wärme intensiver wahr und unser Körper fühlt sich wie neugeboren. Wir schlafen tiefer und besser. Auch unser Leib braucht Gegensätze, um gesund zu bleiben. Die Kneipp-Therapie zeigt uns, wie mit kaltem und warmen Wasser über die Haut Temperaturreize vermittelt werden, die im Körper positive Reaktionen auslösen. So werden die Abwehrkräfte gestärkt; Kreislauf und Nervensystem werden angeregt. Dank der Sauna können wir lernen, wie wir uns schützen können, wenn wir nicht nur die Wärme, sondern auch die Kälte in unser Leben integrieren. In diesem scheinbaren Widerspruch liegt auch eine Spur zu Beziehungssituationen, in denen vieles wie erstarrt scheint. So wie die kahlen Bäume nicht nutzlos sind, so kann in uns selber und in unseren Beziehungen einiges erkalten, weil sie nach der Zeit der großen Leidenschaft in neue Dimensionen gelangen möchte. Das ist auf keinen Fall ein Plädoyer für eine coole, eine unterkühlte Welt, in der eine oberflächliche Erstarrtheit und eine kühle Distanziertheit zum Ideal stilisiert wird. Ich meine – auf politischer Ebene – auch keine Eiszeit, keinen kalten Krieg, die Machterhalt fördern und Menschenrechte unterdrücken. Nein, ich meine etwas anderes. Wenn eine Sache, ein Thema in einer Beziehung bewusst aufs Eis gelegt wird, dann halten wir sie frisch(!), und sie können später mit mehr Distanz und neuer Intensität angegangen werden. Es gibt auch eine „Ökologie der Beziehung", in der wir bewusst Themen nicht ansprechen, weil die Zeit dazu noch nicht reif ist. So können gerade gegenseitige Verletzungen in einem größeren Zusammenhang gesehen werden. Natürlich braucht es Wachsamkeit, um sich nicht an erkaltete Situationen zu gewöhnen!

Die Zeit der Dunkelheit

Neues Leben entsteht in der Dunkelheit.

Neues Leben richtet sich auf das Licht aus.

Wir können der Kraft der Dunkelheit mehr trauen, sie ist ein Schonraum für das Wachstum. Wesentliches kann sich ereignen im Dunkeln – im Bauch des Fisches etwa, wie die biblische Jonageschichte zeigt. Jona erkennt erst durch sein Geworfensein in die Dunkelheit der Tiefe sein wahres Selbst, seine Lebensaufgabe. Wohltuend ist für mich beim Lesen dieser Geschichte die Erkenntnis, dass dieser innere Geburtsprozess einfach geschieht, wenn die Zeit reif ist. Meine Aufgabe ist, mich trotz Angst und Verunsicherung diesem Lebenslauf nicht entgegenzustellen. Vom hellen Chicoréegemüse lerne ich, dass nur im Dunkeln kraftvolle weiße Blätter wachsen und reifen können. Die Wurzeln, die meist wie abgestorben aussehen, werden in einer Dunkelkammer ins Wasser gelegt. Wenn ich nach einer langen Wartezeit die Türe öffne, dann bin ich jedes Jahr zutiefst erstaunt über dieses große Wunder des Wachstums, das im Dunkeln geschieht. Es wird mir zur Lebenshilfe, um dunkle Zeiten, Erfahrungen des so genannten Stillstandes, in einem anderen Licht zu sehen. Wenn wir lebendig bleiben wollen, dann werden wir immer wieder dunkle Zeiten erfahren, in denen so viel Neues wachsen kann. Auch auf einem intensiven spirituellen Weg kann ich der „dunklen Nacht der Seele" nicht ausweichen, wie der Mystiker Johannes von Kreuz sie beschreibt. Es braucht sie manchmal, um die Wärme und das Licht des inneren Feuers wieder neu zu entdecken. Denn der Zugang zu dem, was ich wirklich brauche und wirklich kann, kann sich mir manchmal erst durch eine Krise, ein Zurückgeworfensein auf mich selber, auch auf meine Schattenseiten, neu eröffnen.

Neues Leben sehnt sich immer nach Licht, darum werden in allen Religionen während der zunehmenden Dunkelheit Lichtfeste gefeiert, wie das hinduistische Lichterfest Divali, das jüdische Lichtfest Chanukka oder die christlichen Lichtfeiern in der Advents- und Weihnachtszeit.

Licht und Schatten gehören zu unserem Leben: Je größer das Licht ist, umso größer ist auch der Schatten.

Echte Menschwerdung ereignet sich in der alltäglichen Annahme dieser Wirklichkeit, nicht nur intellektuell, sondern auch emotional und spirituell.

Die Zeit des Wartens

Die winterliche Zeit eröffnet uns einen neuen Zugang zum Warten. Die Mystikerin Simone Weil (1909–1943) fasst ihre ganze Lebenseinstellung als *attente*, als Erwartung, als Aufmerksamkeit zusammen. Aktiv warten können schenkt uns soviel Entlastendes in unserem Leben. Wir erkranken immer mehr an Leib und Seele, weil wir alles sofort – und zwar *subito!* – haben möchten. Dabei hätten wir vielmehr eine Brachzeit nötig, eine Kultur der Leere, eine Zeit des Rückzuges in allen persönlichen, wirtschaftlichen, sozialen und ökologischen Zusammenhängen. Eine mystische Lebensgestaltung des Erwartens führt uns einmal mehr in die Annahme des Paradoxen, des Spannenden, Widersprüchlichen im Leben. Die christliche Adventszeit wird als eine Zeit der Erwartung umschrieben. Dabei geht es um eine Grundspannung, die allen aufmerksamen Menschen vertraut ist:

Mehr als alles vom Leben zu erwarten – und nichts zu erwarten, um die Kraft des Augenblicks zu erfahren.

Mehr als alles zu erwarten, um nicht hinter meinen Entfaltungsmöglichkeiten zurück zu bleiben und um das Engagement für eine gerechtere Welt nie aufzugeben – und zugleich Tag für Tag offen zu sein für die Kraft des Hier und Jetzt. So gebe ich meine Werte nicht der Beliebigkeit oder den Meinungsumfragen preis, sondern ich verwirkliche sie in der Haltung einer engagierten Gelassenheit.

Aktiv warten können, das hat nichts zu tun mit einem passiven, in Resignation und Apathie verharrenden Abwarten, weil eh nichts geschehen wird; es nährt in mir vielmehr den Blick für das, was wirklich ist im Leben, für das Schöne und Lustvolle und zugleich für das Empörende und Ungerechte.

Aktiv warten können, heißt Tag für Tag voller Aufmerksamkeit, voller Mitgefühl zu sein in beharrlicher Geduld und in der kraftvollen Erinnerung, dass wir gesegnet sind in unserer Lebensmacht und in unserer Ohnmacht.

Die Zeit der Wintersonnwende

Sonne, Mond und Sterne faszinieren uns Menschen. Sie beeinflussen uns, weil wir alle Teil eines Ganzen sind, eingebunden in Schöpfung und Kosmos. Unsere ganze Zeiteinteilung ist durch das Erkennen dieses größeren Zusammenhangs entstanden. Wir bewegen uns im Jahreskreis und unser Blick weitet sich, wenn wir staunend himmelwärts schauen. Es ist nicht so, dass ich ein Leben lang auf ein großes Wunder warte: In jeder klaren Nacht entdecke ich Wundervolles am Sternenhimmel. Dabei fühle ich mich klein und groß zugleich. Der Blick himmelwärts lässt mich über mich selber hinauswachsen, übersteigt mich und verweist mich auf den Stern der Hoffnung und des Vertrauens in mir, im tiefsten Grunde meines Seins, wo ich sein darf vor allen Ansprüchen. So brauche ich meine Sehnsucht nach Anerkennung nicht auf große *Stars* zu projizieren: Ich finde meinen Stern im Alltag, entfalte meine Gaben und meine heilenden Kräfte.

Die Mondphasen, diese regelmäßigen Zeiten des Zu- und Abnehmens ermutigen mich, in meinem Lot zu sein, mein Gleichgewicht zu finden, indem ich mich einbringe und wieder zurücknehme, indem ich mich engagiere und wieder den Rückzug in die Stille wage. Durch den Mond lerne ich die Vereinbarkeit der Grundwerte von Zuverlässigkeit und Wandel. Maria Otto schreibt: „So unstet der Mond ist, so zuverlässig ist er auch in seinem Wandel. So sehr, dass die rhythmische Ablösung seiner Erscheinungsphasen seit Menschengedenken dazu herhalten konnte, die Flut der Ereignisse zu skandieren. Der auffällige Umkehrzyklus des Mondes wurde zum frühesten Zeitmaß, er stand über dem Kalender der ältesten Völker, und das lateinische Wort *mensis* für Monat hat dieselbe Wurzel wie *mensura*, das Maß."[31] Dank meinem Eingebundensein in Schöpfung und Kosmos kann ich maß-voll leben lernen. So zeigt mir die Wintersonnwende am 21. Dezem-

---

[31] Maria Otto, Sanft und verzaubernd – der Mond. Inspirationen bei Nacht, Herder Spektrum 5008, Freiburg i.Br. 1998, 57.

ber, dass Zeiten größter Dunkelheit und tiefsten Standes, Zeiten des Nullpunktes nicht das Ende sind, sondern Beginn einer neuer Lebensphase. Dass Menschen diese Lebenszusammenhänge wieder entdecken, den Einfluss der Sterne, des Mondes und der Sonne auf unser Befindlichkeit, zeigt, wie sehr wir auf eine Rückverbindung angewiesen sind. Alle Erkenntnisse einer seriösen Astrologie oder anderer Typologien wie dem Enneagramm – ein interessantes Modell der Seelenkunde, das aus der östlichen Weisheitstradition der Sufis stammt [32] – tragen die Chance in sich, innere Wachstumsprozesse zu verstehen und zu deuten; sie tragen auch die Gefahr einer unmündigen Abhängigkeit in sich. Es braucht Klugheit und eine gesunde Distanz, um sich nicht manipulieren zu lassen. Zugleich können äußere Begebenheiten innere Erfahrungen deuten. So haben zum Beispiel frühchristliche Theologen die Beziehung von Sonne und Mond als Bilder gesehen, die kritisch die Stellung der Kirche aufzeigen. Die Kirche ist wie der Mond, er empfängt sein ganzes Licht von der Sonne, um in die Nacht hineinzustrahlen. So ist die Kirche nie Selbstzweck und darf nicht um sich selber kreisen, sondern sie ist da, um die Christussonne aufzunehmen, damit die dunklen Situationen des Lebens erhellt werden können. Eine lunare, eine „Mond"-Kirche übt das Abnehmen, das Sterben ein, in dem sie Reformen fördert dem Leben zuliebe. In dieser Hoffnung engagiere ich mich weiterhin für eine offene, zärtlichere, tolerantere Kirche, die zu Reformen und zum Wandel bereit ist.

---

[32] Vgl. Richard Rohr/Andreas Ebert, Das Enneagramm. Die 9 Gesichter der Seele, Claudius, München 1989.

Schnee, Sonne und ein klarer, blauer Himmel über einer besonders schönen Gegend: Das erfahren wir als Traumlandschaft. Wie im Traum sind da Grenzen zwischen Vergangenheit, Gegenwart und Zukunft aufgehoben – Fenster der Ewigkeit eröffnen sich. Wie in einem schönen Traum erscheint uns alles viel näher, viel greifbarer, und wir fühlen uns leicht und eins mit Schöpfung und Kosmos. Unsere Träume sind wichtige spirituelle Begleiter. Sie zeigen uns schöpfungszentrierte Urbilder – wie wir sie etwa auch in der Weisheit der Kelten entdecken können. Die keltische Welt ist voller Unmittelbarkeit und Zugehörigkeit, sie kennt keinen Dualismus. John O'Donohue erzählt in seinem Buch „Anam Cara" von der lebensnotwendigen Einheit von Körper-Geist-Seele, die wir auch in unseren Träumen immer wieder klar entdecken können: „Wir sollten diesen verfehlten Dualismus, der die Seele vom Körper scheidet, vermeiden. Die Seele ist nicht einfach im Körper verborgen in irgendeinem versteckten Winkel. In Wahrheit verhält es sich genau umgekehrt: Der Körper ist in der Seele und die Seele durchdringt uns vollständig. Deshalb ist jeder von einem geheimen herrlichen Seelenlicht umgeben ... Unser Körper kennt uns sehr gut. Er ist unseres ganzen geistig-seelischen Lebens gewahr."[33] Welch eine befreiende Lebenseinstellung! Unser Körper ist in der Seele, in Gott immer schon aufgehoben. Von dieser Hoffnung spricht auch ein Vers in der biblischen Apostelgeschichte: „In

---

[33] John O'Donohue, Anam Cara. Das Buch der keltischen Weisheit, dtv premium 24119, München 1997, 66.

ihm leben wir, bewegen wir uns und sind wir" (Apg 17,28).

Träume können uns auf diese ursprüngliche Verbundenheit hinweisen. Manchmal tun sie es auch durch schreckliche Bilder. Sie zeigen uns unverarbeitete Erfahrungen, die wir nochmals anschauen müssen, um echte Heilung und Versöhnung zu erfahren. Sie konfrontieren uns mit unseren destruktiven Seiten, mit Gewalt und Angst. Sie zeigen uns Todesbilder, damit wir anders im Leben und Sterben stehen. Die zwölf heiligen Nächte zwischen dem 25. Dezember und dem 6. Januar laden uns ein, besonders auf unsere Träume zu achten. Auch für die Kelten waren die zwölf Nächte nach der Sonnwende besonders bedeutsam. Bei den Germanen galten sie als heilig, sie wurden auch Rau- oder Rauch-Nächte genannt. Das Wort *rau* erinnert an die bösen Geister, die man ausräucherte. So gehen bis heute Menschen am 24.12., am 31.12 und am 6.1. mit Weihrauch durch ihre Häuser und Wohnungen, um Vergangenes loszulassen und das Neue segnend zu empfangen. Träume können uns dabei eine Hilfe sein, weil sie unverarbeitetes Dunkles nochmals ans Licht holen, damit es verwandelt werden kann und wir unbelasteter ins neue Jahr hineingehen können.

In vielen biblischen Erzählungen lernen die Menschen durch ihre Träume, wohin sie der Weg führt, was ihr Leben behindert, wo Gefahr droht und wie sie neue Lebensperspektiven finden können.

Es lohnt sich, die eigenen Träume aufzuschreiben und sie auch vertrauensvoll mitzuteilen. In diesem Austausch können Menschen einander besser kennen lernen und mit der Vielfalt des Lebens offen und kraftvoll umgehen.

Die Zeit des Neuanfangs

In uns lebt die tiefe Sehnsucht, ein Leben lang neu anfangen zu können. Der Zyklus der Jahreszeiten kultiviert diese Sehnsucht, obwohl wir auch wissen, dass wir weder aus unserer Haut noch aus unsere Geschichte aussteigen können. Trotz dieses Wissens verzaubert uns der Neuanfang eines Jahres für einige Stunden oder Tage. Zum Glück! Neu muss eben nicht nur bedeuten ganz anders und noch nie dagewesen; neu kann auch bedeuten, Vertrautes so zu erleben, wie wenn es zum ersten Mal wäre. Durch die Kraft der Liebe können wir Menschen, die wir schon lange kennen, auf einmal wieder so sehen, als begegneten wir ihnen zum ersten Mal. Wenn wir einen uralten Brauch, eine alte Tradition neu in unser Leben integrieren, als seien diese Lebensweisheiten nur für uns allein geschaffen worden, dann erleben wir sinnstiftende Momente, die tragen und Geborgenheit schenken. Ein altes Lebenswort aus einem heiligen Buch so hören, als würde es nur für mich ausgesprochen, gehört zum Beglückendsten im Leben.

Das erste Wort der hebräischen Bibel *bereschit* wird leider immer wieder übersetzt mit „am Anfang" – und nicht wie eigentlich richtig *„im* Anfang". Dieser kleine Unterschied sagt sehr viel über die Lebenseinstellung aus: „am Anfang" zeugt von einem statischen Akt, der ein für allemal geschehen ist; „im Anfang" erzählt von einem dynamischen, zyklischen, prozessorientierten Lebensgefühl, in dem wir als Freundinnen und Freunde Gottes mit-schöpferisch werden.

Die Kraft eines Neuanfangs schenkt sich uns, wenn wir einander nicht nur mit Floskeln ein gutes neues

Jahr wünschen, sondern zu einem schöpferischen Neuanfang ermutigen, in dem wir Versöhnung suchen mit unserer Geschichte, in dem wir aus den Quellen der Tradition schöpfen, in dem wir unsere Verwurzelung feiern.

Die Zeit der Winterspiele

Die olympischen Sommer- und Winterspiele machen deutlich, wie sehr Menschen aller Zeiten gerade im Extremen und im Gegensätzlichen einen spielerischen Zugang zum Leben suchen. „Das Leben ist ein spielendes Kind", sagte schon Heraklit. Der „homo ludens", der spielerische Mensch vergisst sich, vergisst seine Sorgen, seine Ohnmacht, seine Resignation und erfährt mit anderen, dass das Leben viel mehr ist als Leistung, Erfolg, Geld und Besitz. Die Winterzeit stiftet als Spielzeit Gemeinschaft in der eigenen Wohnung. Im Wintersport können wir miteinander Muße und Erholung erfahren und staunen über die Schönheit der Schöpfung. Es gehört zum religiösen Auftrag eines jeden Menschen, in erstarrten und vereisten Lebenssituationen einen neuen Handlungsspielraum zu schaffen. Das sagt sich leicht, wo doch das Glatteis gefährlich ist und wir uns darauf unsere Knochen brechen können. Wir können jedoch auch in den Grenzsituationen unseres Lebens eine neue Kreativität entfalten, wenn wir die Gefahr nicht überspielen, sondern uns mit ihr anfreunden und lernen, mit ihr umzugehen. Die Härte und Kälte des Winters lehrt uns, wie wir mit Widerstand umgehen können. Wir brauchen ihn, um wachsen und reifen zu können. Kinder werden nicht lebensfähig, wenn wir ihnen alle Grenzen aufheben. Sie brauchen Reibungsflächen, um sie selber werden zu können. Sie brauchen Konflikte, um mit der Härte des Lebens kraftvoll umgehen zu können. Sie brauchen unseren klaren Standpunkt, damit ein echter Dialog entstehen kann und wir voneinander lernen können. Im gemeinsamen Spielen sind all diese Lebenserfahrungen da, und das gemeinsame Spiel bewahrt uns davor, uns in der Einsamkeit der Computerspiele zu verlieren, die unser Suchtverhalten nähren und uns vom echten Leben entfernen, vom Leben, in dem es warm ist und kalt.

Die Zeit der Verunsicherung

Die Winterzeit mit ihren kahlen Bäumen und Sträuchern, den kargen Landschaften und ihren trüben Tagen löst bei mir auch Verunsicherung aus: Zweifel und ein diffuses Gefühl können sich breit machen mit der Frage, ob nach – und dank! – einer solchen Brachzeit wirklich neues Leben blühen, wachsen und reifen wird? Als Fontaine-André, wo ich wohnte, vor einigen Jahren wochenlang im Nebel eingeschlossen war, ging ich manchmal nur für eine halbe Stunde auf unseren Hausberg, um die Sonne zu sehen. Obwohl ich im Wetterbericht hörte, dass auf den Bergen über 1000 Meter die Sonne scheinen würde, war es für mich jedes Mal ein tiefes Erstaunen, dass es wirklich so war. Es ist eine ungeheure Erfahrung, durch Kälte und Nässe und diffuse Sichtlosigkeit hindurchzugehen und im warmen, klaren, hellen Licht der Sonne anzukommen. Der Nebel wird, von oben betrachtet, zu einer harmlosen weichen Decke über den Tälern. Genauso erstaunlich ist es, wenn der Nebel der Zweifel, der Ohnmacht und der Apathie durchbrochen werden kann. Es braucht dazu die Anstrengung, Gewohntes zu verlassen. Denn erst aus der Distanz kann ich den Alltag in einem anderen Licht sehen. – So beglückend der Durchbruch zur Sonne war, so schwierig war der Abstieg wieder in die Nebelzone. Alles sträubte sich in mir – und doch fand mein Leben, mein Alltag da seinen natürlichen Lauf. Diese Erfahrungen lassen mich in der Zeiten der Verunsicherung nach einer anderen Perspektive Ausschau halten. Es gibt nie nur eine Möglichkeit, einen Weg, eine Lösung im Leben. Die Sonne scheint immer, so wie der Atem Gottes uns immer belebt.

„Das Geheimnis der Erlösung heißt Erinnerung", heißt es im jüdischen Talmud. Es ist auch ein Sich-Erinnern, dass es eine andere Möglichkeit gibt als Fremdbestimmung, als das Eingeschlossensein in der Angst, als oberflächliches Überleben, als genügsames Funktionieren. Es geht auch darum , sich zu erinnern, dass das Glück sich in der Kraft des Augenblicks ereignet, wie Thich Nhat Hanh es beschreibt: „Suche das Glück nicht außerhalb deiner selbst. Lass die Vorstellung fahren, du könntest nicht glücklich sein. Glück ist auch für dich verfügbar – in dir selbst."[34]

---

[34] Thich Nhat Hanh, Das Herz von Buddhas Lehre. Leiden verwandeln – die Praxis des glücklichen Lebens, Herder Spektrum, Freiburg i. Br. 1999, 189.

Die Zeit der Ausgelassenheit

Die vielen Bräuche rund um die Austreibung des Winters und die verschiedenen Faschingszeiten ermutigen uns, Lachen, Humor, Ausgelassenheit auszuleben. Unser Sein strebt nach Licht, nach Wärme und Geborgenheit, nach Zuwendung und Verwandlung, nach Solidarität und Leichtigkeit. Herzhaft lachen können hat eine große heilende Wirkung. Sie befreit vom Anspruch, perfekt zu sein. Sie lässt uns zum Clown werden, der sich auch in die Härte des Lebens hineinspielt, weil er Fehler machen darf und sogar über sich selber wohlwollend lachen kann. Wenn ich mich krümme vor Lachen, richtet mich das paradoxerweise innerlich auf, lässt mich das Leben neu genießen. Miteinander ausgelassen sein, ist auch eine Form des Loslassens, die uns geschenkt wird, wenn wir beim Feiern einander zulachen. Da kann eine Maske im Fasching eine Hilfe sein, um mich in andere Rollen und Seiten von mir hineinzuwagen, damit ich sie auch in mein wahres Gesicht integrieren kann.

Lachen und weinen sind ganz nahe beieinander. Je mehr meine Tränen fließen können und ich mich in meiner Bedürftigkeit gehen lassen kann, umso mehr bewohnt mich die belebende Kraft des Humors. Da wachsen Visionen und Kreativität, weil auf einmal Erstarrtes auftaut und Menschen sich beim gemeinsamen Lachen – zum Beispiel beim Fasching – neu begegnen. In harten Zeiten der Ungerechtigkeit kann manchmal das Lachen jene Widerstandskraft sein, die Menschen ihre Würde behalten lässt. Göttliches wird geboren in unserer Ausgelassenheit, weil wir unser Ich vergessen und ganz da sind, wo wir sind – voll in unserem Element. Lachende Menschen hoffen in aller Hoffnungslosigkeit und verweisen auf den kommenden Frühling.

Ich glaube an diesen kommenden Frühling – für jeden Menschen, für unsere Kirchen, für die Erde. Und ich versuche, in dieses Vertrauen immer wieder hineinzuwachsen, weil in unseren Kirchen an soviel Erstarrtem festgehalten wird. Es werden Frühlingstage kommen, in denen Frauen und Männer wirklich ermächtigt sein werden, priesterliche Menschen zu sein. Menschen, die Erde und Himmel verbinden!

Winter erleben
lernen das Gegensätzliche anzunehmen
Wärme und Kälte
Licht und Dunkelheit

Winter erfahren
hinein wachsen ins Urvertrauen
dass in der Tiefe
schon neues Leben keimt

Winter vertiefen
im lebensbefreienden Entdecken
einer Kultur der Langsamkeit
die solidarischer werden lässt

Winter verwirklichen
zur Ruhe kommen
miteinander schweigen
einander zur Brachzeit bestärken

Bei mir selber ankommen

Ich gestehe mir und anderen immer wieder Brachzeit zu. Ich traue der Kraft der Leere, des Schweigens, des Nichtstuns, weil ich mich dadurch erneuern kann. Wenn ich langsamer werde und mir Sabbatzeiten in meinem Leben gönne, dann kann ich achtsamer mit mir umgehen, und meine erstarrten Seiten können langsam auftauen. Es gelingt mir, wenn ich mein Licht nicht unter den Scheffel stelle, sondern lerne, noch klarer zu sagen, was ich kann, was meine Stärken sind, wo ich in meinem Element bin. So wird mein Selbstwertgefühl gestärkt und ich habe den Mut, meiner Dunkelheit mehr zu trauen, um auch meine destruktiven, kalten Seiten anzuschauen, damit sie behutsam verwandelt werden können.

Dank konkreter Entspannungsübungen lerne ich, mich mehr gehen zu lassen, damit das Lachen und die Ausgelassenheit in meinem Leben einen besonderen Platz erhalten.

In Zeiten der Verunsicherungen, in denen mir vieles vernebelt scheint, entfalte ich eine Kultur der Erinnerung. Ich erinnere mich an kraftvolle Momente der Selbstwerdung, an meine heilenden Kräfte, an mein Aufstehen für eine bessere Lebensqualität.

Freundschaft vertiefen

Die Zeit des Übergangs in ein neues Jahr ermöglicht viele Formen der Standortbestimmung in der Freundschaft und Partnerschaft:

- Wo wünsche ich mir mehr Unterstützung in meinem Reifungsprozess?
- Wo wünsche ich mir eine Brachzeit, in der gegensätzliche Meinungen eine Zeit lang nicht angesprochen werden, damit jede und jeder in sich einen neuen Zugang zu diesem Thema finden kann?
- Wie können wir einander mehr Geborgenheit, Zuwendung, Anerkennung und Zärtlichkeit schenken?
- Wir entdecken miteinander die Kraft der heilenden Nächte und durchschreiten die Dunkelheit zuerst im Schweigen und danach im Austausch.
- Wie gehen wir miteinander mit unseren Gegensätzen um? Wie können wir einander ergänzen und wo braucht es die Toleranz, damit das Verbindende in der Verschiedenheit entdeckt werden kann?
- Was hilft uns, gelassener, ausgelassener zu sein im Leben? Wie finden wir ein gutes Gleichgewicht zwischen dem Ernsten und Leichten im Leben?

Feiern im Familien- und Freundeskreis

In der Advents- und Weihnachtszeit liegt die große Chance, miteinander alte Bräuche intensiver zu erneuern und darin aufzuleben:

- Wir gehen miteinander in den Wald und suchen Wurzeln, Moos, Tannenzweige, um die Türen und Fenster adventlich zu schmücken.

- Wir gestalten eine adventliche Wurzel mit vier Kerzen und überlegen gemeinsam, wie wir miteinander besinnliche Momente gestalten möchten.
- Alle suchen für eine gemeinsame Weihnachtsfeier Gedichte, Lieder und Ideen, in der jede und jeder einbringen kann, was wesentlich ist.

Beim Übergang vom alten ins neue Jahr ziehen wir mit Kerzen und Weihrauch oder Duftstäbchen durch unsere Wohnung, unser Haus. Jede und jeder erinnert die anderen an all die Menschen, die uns besucht haben dieses Jahr.

Die Winterzeit lädt ein zu einer Spielkultur zu Hause oder zu Spielen im Schnee.

Während der Faschingszeit nehmen wir uns Zeit, um uns gegenseitig zu schminken, und wir versuchen, durch die Farben das Ureigene jeder Person herauszustreichen.

Gesunder Rhythmus im Beruf

Ich gestalte mir an meinem Arbeitsplatz, auf meinem Arbeitspult, in meinem Schränken und Hängemappen immer wieder einen Leer-Raum, damit auch ganz konkret der notwendige Handlungsspielraum bleibt, um kreativ zu bleiben.

Im Team nehmen wir uns Zeit für einen Jahresrückblick, in dem wir uns gegenseitig Anerkennung und Kritik zusprechen. Wir teilen einander auch mit, was wir am Arbeitsklima schätzen und was verbessert werden könnte.

Ich überlege mir, welche berufliche Weiterbildung meine Arbeitsmotivation erneuern kann.

Ich kultiviere den Tag hindurch Momente der Langsamkeit, in dem ich bewusst die Treppe statt den Lift benutze, um Leib und Seele regenerieren zu können.

Engagement als Weltbürger/in

In der lutherischen St. Marienkirche am Markt in Osnabrück hängt hinten in der Kirche eine aus Eisen geschmiedete Weltkugel; sie ist innen leer, und jeder und jede kann mit einem brennenden Kerzenlicht diese Welt von innen erleuchten.

In der Mitte der Stadt Graz steht ein großer Friedensstein. Alle Besucher/innen können ihren Namen, ein Wort, einen Symbol hinein meißeln.

Solche Initiativen erinnern uns, dass wir alle vernetzt sind. Darum können wir nicht nur durch unser Handeln, sondern auch durch unser schweigendes Beten die Welt zum Guten verändern: Wie könnte ich mit anderen an meinem Ort, in meinem Wohnviertel, meiner Stadt zum Ausdruck bringen, dass unsere Welt die schweigende Kraft der Solidarität braucht?

Zum Menschenrechtstag am 10. Dezember kaufen wir bei *amnesty international* Menschenrechtskerzen, die wir an unser Fenster stellen. Wir erzählen in unserer Umgebung und am Arbeitsplatz von dieser konkreten Möglichkeit, um die Dunkelheit der Gewalt und Ausbeutung zu erhellen.

Gesegnet sei deine Brachzeit
damit du die Kraft der Leere
erfahren kannst
die zu neuer Kreativität bewegt

Gesegnet sei deine Langsamkeit
damit du dich nicht verlierst im Engagement
und sich dir Schritt für Schritt
neue Perspektiven der Hoffnung eröffnen

Gesegnet sei dein Innehalten
damit deine Widerstandskraft genährt wird
für eine Welt, in der auch kranke und behinderte
Menschen Mitgefühl und Anerkennung erfahren

Gesegnet sei dein Weg
durch die Dunkelheit der Selbstzweifel
damit du mitfühlender werden kannst
mit aller leidenden Kreatur

Gesegnet sei dein Weg
dem Licht entgegen
jeden Tag neu

*

Ich wünsche euch
die Gabe der Ausgelassenheit
die Kraft des Humors
der vom lachenden Segen spricht

Ich wünsche euch
die Gabe des Durchhaltens
in dunklen Zeiten der Verunsicherung
die von der zärtlichen Zuwendung Gottes erzählt

Ich wünsche euch
die Gabe der Geduld
in ein gegenseitiges Wachstum
das unscheinbar in der Tiefe geschieht

Ich wünsche euch
die Gabe der Hoffnung
damit erstarrte Beziehungsmuster
auftauen im zärtlichen Zusammensein

*

Gesegnet sei
euer Vertrauen in einen Neuanfang
im Staunen über die geheimnisvolle Erneuerung
der Verwandlungskraft in jedem Menschen

Gesegnet sei
euer Aufbruch in eine ungewisse Zukunft
damit ihr Schritt für Schritt den Weg geht
der sich euch im Hier und Jetzt zeigen wird

Gesegnet sei
euer Genießen der Bewegung im Schnee
euer Staunen über die Klarheit des Himmels
eure Leichtigkeit des Daseins

Gesegnet sei
euer Einsatz für eine friedvollere Welt
der sich trotz Rückschlägen unaufhaltsam
verstärkt auf allen Kontinenten

Gesegnet sei
euer Lachen und Weinen
euer Suchen und Finden
euer Ankommen und Aufbrechen

*

Zum Ausklang

Mit diesen Gedanken und Impulsen ermutige ich zu einer schöpfungszentrierteren Spiritualität, in der wir in all unseren Lebensvollzügen die Vielfalt der Jahreszeiten wahrnehmen, uns daran freuen und sie unsererseits kultivieren. Die Fülle der Gedanken, die ich gesammelt und aufgeschrieben habe, sind ganz bewusst Fragment geblieben. Sie wollen jede und jeden bestärken, im Rhythmus der Jahreszeiten ureigene Wachstums- und Reifungsprozesse zu erkennen – so wird unser Leben lebendig, intensiv, fruchtbar und führt uns zu uns selbst in Verbundenheit mit allen anderen. Hilde Domin beschreibt es in einem der schönsten Gedichte so:[35]

Bitte

Wir werden eingetaucht
und mit dem Wasser der Sintflut gewaschen,
wir werden durchnäßt
bis auf die Herzhaut.

---

[35] Hilde Domin, Gesammelte Gedichte, © S. Fischer GmbH, Frankfurt a. M. 1987, 117.

Der Wunsch nach der Landschaft
diesseits der Tränengrenze
taugt nicht,
der Wunsch, den Blütenfrühling zu halten,
der Wunsch, verschont zu bleiben,
taugt nicht.

Es taugt die Bitte,
daß bei Sonnenaufgang die Taube
den Zweig vom Ölbaum bringe.
Daß die Frucht so bunt wie die Blüte sei,
daß noch die Blätter der Rose am Boden
eine leuchtende Krone bilden.

Und daß wir aus der Flut,
daß wir aus der Löwengrube und dem feurigen Ofen
immer versehrter und immer heiler
stets von neuem
zu uns selbst
entlassen werden.

Pierre Stutz bei Herder spektrum

Meditationen zum Gelassenwerden
Band 4975
Konkrete Übungen und Rituale, die helfen, mitten im Stress die Aufmerksamkeit für das Wesentliche zurückzugewinnen.

Ein Stück Himmel im Alltag
Sieben Schritte zu mehr Lebendigkeit
Band 5036
Mit konkreten spirituellen Übungen zeigt der bekannte Autor, wie wir die Quellen der eigenen Lebendigkeit wieder entdecken können.

Was meinem Leben Tiefe gibt
Band 5296
Den Alltag verwandeln: Konkrete Übungen, Meditationen und Rituale, die die Routine unterbrechen, Stress verhindern und zum Wesentlichen führen.

Du hast mir Raum geschaffen
Inspiriert von den Psalmen
Band 5424
Faszination Leben: Augenblicke der Dankbarkeit neben Momenten der Trauer und der Ohnmacht. Kraftvoll sensible Meditationstexte für eine Spiritualität des Alltags.

50 Rituale für die Seele
Band 7004
Gelassenwerden, wenn der Druck zunimmt; die eigenen Ressourcen entdecken und zu neuer Lebendigkeit aufbrechen.

Atempausen für die Seele
Band 7023
Stark sein, mit dem eigenen Rhythmus leben und ein gesundes Zeitmaß finden – dazu inspirieren diese Impulse für die Seele.

Ulrich Schaffer bei Herder spektrum

Wenn die Stille spricht
Im Tagebuch sich selbst begegnen
Band 5038

Im Innehalten und Nachdenken wird das Leben voller, reicher, intensiver. Inspirierende Anregungen zum Tagebuchschreiben.

Wesentlich werden
Band 5043

Zu wissen, worauf es ankommt wird zur Lebensweisheit. Das Wesentliche zu entdecken heißt Intensität und Lebendigkeit gewinnen.

Verwurzelt wie ein Baum
oder Wachsen ins Leben
Band 5184

Ulrich Schaffer geht der Symbolkraft des Baumes nach: Poesie und Inspiration, die einlädt, in unsere einmalige Gestalt hineinzuwachsen.

In der Dichte des Lebens
Begleitbuch für alle Tage des Jahres
Band 5431

Jeder Tag hat seine eigene Stimmung, neue Möglichkeiten und sein eigenes Tempo – und ist ein Stück unseres einzigen Lebens: Gedanken und Impulstexte.

Wenn wir hoffen, sind wir stark
Das Buch der Zuversicht
Band 5445

Ein engagiertes Buch, das herausfordert, der Menschlichkeit und Liebe, der Hoffnung und dem Tun Raum zu geben im eigenen Leben.
Ein Manifest des Mutes und des Optimismus.

Lebenskunst aus der Stille

Leo Fijen (Hg.)
Wie werde ich glücklich?
Lebensweisheit aus dem Kloster
Band 5429

Die Äbte und Äbtissinnen zeigen den Weg zum Glück. Überzeugend sprechen sie über ein Leben zwischen Alltag und mystischer Erfüllung, über Beziehungen und Meditation.

Michael Fischer (Hg.)
Buch der Ruhe und der Stille
Inspirationen aus dem Geist der Klöster
Band 5423

Der Kern der klösterlichen Tradition und Lebenskunst: Den Alltag und das Bedürfnis nach Spiritualität in Einklang bringen.

Anselm Grün
Im Zeitmaß der Mönche
Vom Umgang mit einem wertvollen Gut
Band 5426

Mönche leben ihren Tag „qualitativ" – im strukturierten Ablauf, voll von spiritueller Bedeutung. Arbeit und Kontemplation sind in eine gute Balance gebracht.

Hanspeter Oschwald
Der Klosterurlaubsführer
Erfahrungen – Informationen – Tipps
Band 5386

„Klosterurlaub" – das heißt: Auszeit nehmen vom Alltag. Ruhe finden – und die Zeit, nachzudenken über das, was im eigenen Leben wichtig ist.

Johannes Pausch/Gert Böhm
Gesundheit aus dem Kloster
Heilwissen ohne Risiken und Nebenwirkungen
Band 5425

Vom Nutzen der Heilpflanzen, vom rechten Umgang mit Lebensmitteln aber auch mit der Zeit erzählt der Hildegard-Therapeut, und Kräuterexperte.

Peter Seewald
Die Schule der Mönche
Inspirationen für unseren Alltag
Band 5405

Das klösterliche Leben, seine Regeln und Gebote, die Weisheit und Spiritualität bietet überraschend konkrete Antworten auf die Probleme unseres Alltags.

Rudolf Seitz (Hg.)
San Cucino hat geholfen
Gerichte und Geschichten eines Küchenheiligen
Band 5419

Die unglaubliche Geschichte des apokryphen Heiligen der Kochtöpfe und Küchenlöffel und seines Adlatus Fra Barolo gespickt mit Dokumenten, Legenden und wunderbaren Rezepten.

Werner Vullhorst/Engelbert Beule
Was Leib und Seele zusammenhält
Gespräche zwischen Mönch und Koch
Band 5416

Ein Mönch und ein Spitzenkoch im Dialog über alles, was Leib und Seele gut tut. Es gibt viele Wege zu Gott. Einer geht durch die Küche.

Bettina Weiguny
Das Beste aus dem Klosterladen
Natürlich genießen – Die besten Tipps
Band 5415

Ob Käse, Wein, Kosmetik: Produkte „made im Kloster" stehen für achtsame Herstellung, außergewöhnliche Qualität, Reinheit und Naturnähe. Überliefertes Wissen der Mönche.

Martin Werlen (Hg.)
Auf der Suche nach dem Eigentlichen
Zu Gast in der Stille des Klosters
Band 5422

Eine Wohltat für die Seele: Was Menschen erfahren , die „auf Zeit" ins Kloster gehen und die Gastfreundschaft der Mönche suchen.

Wege der Sehnsucht

Silvia Boorstein
Retreat – Zeit für mich
Das Dreitageprogramm
Band 4820

Der Vorschlag für ein Retreat mit Tagesplan und elementaren Übungen – um neue Kraft zu schöpfen.

Anselm Grün
Vergiss das Beste nicht
Inspiration für jeden Tag
Band 4864

365 Anregungen, die der Seele gut tun.

Anselm Grün/Maria-M. Robben
Finde deine Lebensspur
Die Wunden der Kindheit heilen – Spirituelle Impulse
Band 5406

Chancen entdecken, die in der eigenen Lebensgeschichte liegen: Wie wir unsere spirituellen und psychologischen Ressourcen erschließen, zeigt dieses „berührende Buch auf eindrückliche Weise." (Hans Jellouschek)

Willigis Jäger
Wiederkehr der Mystik
Das Ewige im Jetzt erfahren
Band 5399

Wie kann der Mensch angesichts heutiger Naturwissenschaft noch religiös sein? Der Benediktinermönch und Zenmeister antwortet auf drängende Fragen heutiger Sinnsuchender.

Yushi Nomura/Henri J. M. Nouwen
Weisheit aus der Wüste
Band 5253

Auf dem Weg zu Gelassenheit und innerem Wachstum bieten die frühchristlichen Mönche des 4. und 5. Jahrhunderts wertvolle Orientierung.

Silvia Ostertag
Lebendige Stille
Einstimmung und Einübung
Band 5293

Impulse, um bei sich anzukommen und eins zu werden mit sich selbst.

Raimon Panikkar
Einführung in die Weisheit
Band 5256

Wenn wir offen für die mythischen und mystischen Urerfahrungen sind, können wir unserem Leben spirituelle Tiefe geben und selber – zumindest ein wenig – weiser werden.

Bernardin Schellenberger
Auf den Wegen der Sehnsucht
Zum spirituellen Leben heute
Band 5465

Schellenberger legt den Horizont der Sehnsucht offen und entwirft eine Spiritualität, die uns nicht nur bestätigen, sondern verändern kann. Leidenschaftlich – und klärend.

Bernardin Schellenberger (Hg.)
Gib deiner Seele Flügel
Mystische Augenblicke für jeden Tag
Band 5031

Die schönsten und zugänglichsten Texte alter und moderner Mystiker – ausgewählt für jeden Tag. 365 Inspirationen, die aus der Routine führen.

Dorothee Sölle
Den Rhythmus des Lebens spüren
Inspirierter Alltag
Band 5413

Dorothee Sölle geht es um glaubwürdige Antworten auf Sinnfragen der Existenz – auch im Alltag unseres Lebens. Eindringlich, unerschrocken, bewegend.

Wie soll ich
nachfolgen und
doch gleichzeitig
stehen bleiben?